मधुमेह

कैसे जिएँ मस्ती से

मधुमेह
कैसे जिएँ मस्ती से

डॉ. अशोक दमीर
MD; FACA (USA) MADA (USA)

श्रीकुञ्ज सद्भावना मंच
नई दिल्ली

Cataloging in Publication Data — DK
[Courtesy: D.K. Agencies (P) Ltd. <docinfo@dkagencies.com>]

Damīra, Aśoka, 1962-
Madhumeha : kaise jiye mastī se / Aśoka Damīra.
p. cm.

In Hindi.
Tips for healthy living with diabetes.
ISBN 81-8265-013-5

1. Diabetes -- Popular works. I. Title. II. Title:
Dr. Damir's madhumeh-kaise jiyen masti se.

DDC 616.462 22

First published in India in 2009

ISBN 81-8265-013-5

प्रकाशक –
श्रीकुञ्ज सद्भावना मंच
'श्रीकुंज', एफ-52 बाली नगर
रमेश नगर मेट्रो स्टेशन
नई दिल्ली – 110 015

वितरक –
डी॰के॰ प्रिण्टवर्ल्ड (प्रा॰) लि॰
'श्रीकुंज', एफ-52 बाली नगर
रमेश नगर मेट्रो स्टेशन
नई दिल्ली - 110 015
दूरभाष – (011) 2545 3975, 2546 6019;
फैक्स – (011) 2546 5926
ई-मेल – dkprintworld@vsnl.net

मुद्रण प्रबन्ध – डी॰के॰ प्रिण्टवर्ल्ड (प्रा॰) लि॰, नई दिल्ली

प्राक्कथन

मधुमेह की इस पुस्तक के प्रकाशित होने पर इसका प्राक्कथन अथवा समर्पित शब्द सुमन अथवा प्रशंसा पुष्प शब्द लिखने पर मुझे अत्यन्त प्रसन्नता हो रही है। निश्चित रूप से आप मुझसे सहमत होंगे कि इस प्रकार की हिन्दी लिपि में लिखी पुस्तक की अत्यंत आवश्यकता थी, जिसे डॉ. अशोक दमीर ने अत्यंत प्रयास से लिखकर जनता का, विशेषकर मधुमेह रोगियों का, अत्याधिक उपकार किया है। इस पुस्तक को अपनी मातृभाषा हिन्दी में लिखी जाने से यह भारत के अधिक लोगों तक पहुंच सकेगी, जिसे पढ़कर सामान्य पाठक मधुमेह से अंपना बचाव कर सकेंगे एवं मधुमेही अपने रोग पर ठीक से नियंत्रण कर सकेंगे।

ऐसे समय में जब विश्व स्वास्थ्य संगठन (WHO) ने एवं विश्व मधुमेह मंच [International Diabetes Federation (IDF)] ने आने वाले समय में भारत को विश्व मधुमेह की राजधानी घोषित किया है, ऐसी पुस्तक की आवश्यकता और भी अधिक बढ़ जाती है। डॉ. अशोक दमीर का प्रयास निश्चित रूप से सराहनीय है।

इस पुस्तक में बड़े सुंदर ढंग से चित्रों, तालिकाओं तथा वर्गीकरण द्वारा विषय को रुचिपूर्ण रूप से प्रस्तुत किया गया है, जिसे पढ़कर पाठक अवश्य प्रसन्न होंगे।

दिल्ली मधुमेह मंच (Delhi Diabetic Forum अथवा DDF) के सदस्यों द्वारा लिखित यह चौथी पुस्तक है। मधुमेह के समयानुसार बढ़ते स्थान को यह पुस्तक भलि-भांति प्रस्तुत कर रोगियों के ज्ञान संवर्धन में सहायक होगी। ऐसा मेरा पूर्ण विश्वास है। इस दृष्टि से डॉ. अशोक दमीर जो कि DDF के सेक्रेटरी भी हैं, निश्चित रूप से प्रशंसा के पात्र हैं। पाठक पूर्ण रूप से इस पुस्तक का लाभ ले सकेंगे, ऐसा मेरा पूर्ण विश्वास है। मेरे एवं डायबिटिक फोरम के सभी सदस्यों द्वारा वे धन्यवाद, शुभकामना एवं प्रशंसा के पात्र हैं।

डॉ. महेश प्रसाद अग्रवाल
संस्थापक, अध्यक्ष एवं चेयरमैन
डायबिटिक फोरम, (मधुमेह)
भू.पू. विभागाध्यक्ष
सफदरजंग अस्पताल

दो शब्द

जिस तरह पूरी दुनिया में, खासकर विकासशील देशों जैसे भारत में, मधुमेह रोग तेजी से महामारी के रूप में फैल रहा है, उसके लिए इस बीमारी के बारे में जागरूकता फैलाना जरूरी है।

डॉ. अशोक दमीर द्वारा लिखी गई पुस्तक "मधुमेह : कैसे जिएँ मस्ती से" इस दिशा में मधुमेह के नियंत्रण तथा उसकी दीर्घकालीन समस्याओं के निवारण के लिए अति उत्तम प्रयास है। इस पुस्तक को इतनी सहज और सरल भाषा में लिखा गया है कि यह पुस्तक आम आदमी के द्वारा भी आसानी से समझी जा सकती है। इस पुस्तक में मधुमेह के कारण, निवारण, अल्पकालीन और दीर्घकालीन समस्याओं के अलावा मधुमेह से जुड़े विभिन्न पहलुओं को बड़ी सुन्दरता से चित्रित किया गया है।

मुझे आशा ही नहीं, पूर्ण विश्वास है कि यह पुस्तक पढ़कर मधुमेह रोगी अपने मधुमेह पर बेहतर नियंत्रण करके अपनी जिन्दगी को आम आदमी की तरह सुखद और सरल बना सकेंगे। मेरी शुभकामनाएँ डॉ. अशोक दमीर के साथ हैं।

डॉ. एस.के. वाँगनू
एन्डोक्रायनोलोजिस्ट एवं
मधुमेह रोग विशेषज्ञ
अपोलो अस्पताल, नई दिल्ली

आभार

इस पुस्तक को लिखने के लिए सर्वप्रथम मैं अपने गुरुजी का तहे दिल से आभारी हूँ, जिनकी गुरु-कृपा और आत्मिक बल से मैं इस कार्य को पूरा कर सका हूँ। मैं मेरे पिताजी श्री सोहन लाल दमीर तथा माताजी श्रीमति राजरानी का सर्वप्रथम आभार व्यक्त करता हूँ, जिन्होनें मुझे पढ़ाया लिखाया और इस क़ाबिल बनाया कि आज मैं इस मुकाम तक पहुंच सका हूँ।

किसी पुस्तक को लिखने के लिए समय तथा सतत् प्रोत्साहन की आवश्यकता होती है, जोकि मेरी पत्नी श्रीमती गीता दमीर तथा मेरे पुत्र आरुष तथा पुत्री सहज ने लगातार प्रदान किया और पुस्तक को लिखने से लेकर प्रिंटिंग तथा पब्लिशिंग तक बिना थके सहयोग दिया है, जिसके बिना इस पुस्तक को लिखना असंभव था। मैं श्री अरुन रल्हन का भी आभारी हूँ, जिन्होंने इस पुस्तक की प्री-पब्लिशिंग में मेरी सहायता की है।

मैं दिल्ली डायबिटिक फोरम के श्री एम.पी. अग्रवाल, श्री राजीव गुप्ता तथा अपोलो अस्पताल के श्री एस.के. वाँगनू (एंडोक्रायनोलोजिस्ट) का तहे-दिल से आभारी हूँ, जिनके मार्गदर्शन तथा उचित सलाह से मुझे इस पुस्तक को पूरा करने में सहयोग मिला है। खान-पान से संबंधित सुझावों के लिए मैं श्रीमति गीतू अमरनानी, डायटिशियन का शुक्रगुज़ार हूँ। प्रकाशक 'श्री कुञ्ज सद्भावना मंच के सचिव श्री सुशील मित्तल का मैं तहे-दिल से आभारी हूँ जिनके सतत् प्रयासों से यह पुस्तक इतनी आकर्षक साज-सज्जा और सुंदर छपाई के साथ आपके सामने आई है।

सबसे अंत में मैं अपना आभार अपने उन मरीजों के प्रति व्यक्त करना चाहता हूँ, जिनके द्वारा उठाये गये मधुमेह रोग के बारे में विभिन्न गलत धारणाओं के सवालों ने मुझे इस पुस्तक को लिखने के लिए प्रोत्साहित किया। पाठकों से अनुरोध है कि इस पुस्तक में अगर कोई त्रुटि हो तो मुझे क्षमा करें, और इस पुस्तक को और अधिक बेहतर बनाने के लिए अपने अमूल्य सुझावों से मुझे अवगत कराते रहें।

शब्दावली

ऐल्बूमिन (Albumin) – एक प्रकार का प्रोटीन

ऐल्बूमिन यूरिया (Albumin Urea) – मूत्र में एल्बुमिन प्रोटीन का जाना

माइक्रो ऐल्बूमिन यूरिया (Micro Albumin Urea) – पेशाब में बहुत कम (24 घंटे में 300 मिग्रा से कम) एल्बूमिन का जाना

आई.डी.डी.एम (IDDM) – टाइप-1 या इन्सुलिन पर निर्भर मधुमेह

एन.आई.डी.डी.एम (NIDDM) – टाइप-2 या ऐसा मधुमेह जिस पर गोलियों से नियंत्रण किया जा सकता है।

पेनक्रियाज (Pancrease) अग्नाशय – पेट के ऊपरी भाग में शरीर का अंग

इन्फेक्शन (Infection) – संक्रमण

फंगस इन्फेक्शन (Fungus Infection) – फफूँद (Fungus) रोग

ट्रांसप्लांट (Transplant) – प्रत्यारोपण

कोमा (Coma) – बेहोशी

ब्लड प्रेशर (B.P.) – रक्त चाप

गेन्ग्रीन (Gangrene) – काला बदबूदार जख्म

एम्पूटेशन (Amputation) – शल्य-क्रिया द्वारा हाथ या पैरों का काटना

ग्लायकोसिलेटेड हीमोग्लोबिन (Glycocylated Hemoglobin) – हीमोग्लोबिन जिसमें ग्लूकोज़ की अधिक मात्रा हो।

पोडियाट्रिस्ट (Podiatrist) – पैरों की चिकित्सा करने वाला डॉक्टर

ओबेस (Obese) – मोटा

प्रस्तावना

मधुमेह जिसे आम भाषा में 'शुगर' कहा जाता है, आज एक महामारी का रूप ले चुका है। आज की तारीख में दुनिया में उपस्थित करीब 18 से 20 करोड़ मधुमेह रोगियों में से करीब 4 करोड़ लोग भारतीय हैं। अर्थात् दुनिया में हर पाँचवाँ मधुमेही भारतीय है, इसीलिए भारत को 'मधुमेह की राजधानी' के नाम से भी जाना जाता है। भारत में बढ़ते मधुमेह रोगियों की संख्या का कारण आरामपसंद जिंदगी (sedentary lifestyle), जंक फूड कल्चर (junk food culture) और तेजी से फैलता वैश्वीकरण तथा औद्योगीकरण (globalisation and industrialisation) है।

'शुगर' को एक 'साइलैंट किलर' के नाम से भी जाना जाता है। जिस तरह 'दीमक' पूरी लकड़ी को खोखला कर देती है, उसी प्रकार मधुमेह शरीर के हर अंग को प्रभावित करते हुए हमारे ह्रदय, नाड़ी एवं स्नायु-तंत्र, मस्तिष्क, गुर्दे, आँखों सहित अन्य अंगों को भी खराब कर देता है। मधुमेह से होने वाली दीर्घकालीन समस्याएँ (chronic complications), मरीजों की अज्ञानता तथा लापरवाही के कारण और अधिक बढ़ जाती है। इन्हीं सब बातों को ध्यान में रखते हुए बहुत समय से मेरे जेहन में एक पुस्तक लिखने की तमन्ना थी, जो कि संक्षिप्त में मधुमेह रोगियों को इस महामारी के कारण, निवारण तथा इलाज के बारे में अवगत कराए और उनके मन में जो विभिन्न प्रकार की गलत धारणाएँ बैठी हुई हैं, उनका निवारण करे। मेरे इसी प्रयास के फलस्वरूप यह पुस्तक आपके सामने उपस्थित है। आशा है इस पुस्तक को पढ़कर मधुमेह रोगी या उनके रिश्तेदार (मैं कहूंगा सभी भारतवासी) लाभान्वित होंगे। जिन्हें मधुमेह नहीं है, वे इस रोग से बच सकेंगे और जो मधुमेही हैं वे लोग मधुमेह पर नियंत्रण करके इसकी दूरगामी परेशानियों से बचकर सामान्य व्यक्तियों की तरह जिंदगी व्यतीत कर सकेंगे।

डॉ. अशोक दमीर

दिल्ली डायबिटिक सेन्टर एवं
फुट केयर रिसर्च सेन्टर

यू-29, वैस्ट पटेल नगर

नई दिल्ली – 110 008

फोनः 2587 1666, 98102 62600

विषय-सूची

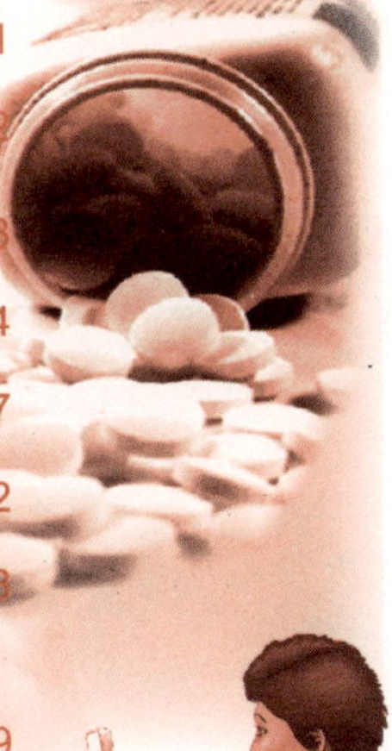
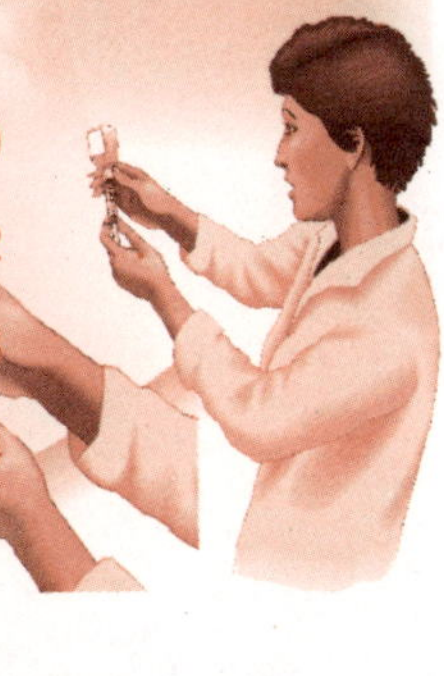

1. 'मधुमेह' या 'शुगर' क्या है?

मधुमेह शब्द की उत्पत्ति ग्रीक शब्द 'डायबिटोज' से हुई है जिसका मतलब है 'सायफन' या 'बहना' एवं 'मैलिट्स' जिसका मतलब है 'मीठा'। इस रोग के व्यक्ति के मूत्र में शुगर या शर्करा जाती है, जिससे उसका मूत्र मीठा होने के कारण रोगी व्यक्ति जहाँ पेशाब करता है वहाँ चींटियाँ या कीड़े इकट्ठे हो जाते हैं। इसीलिए आपके 'टॉयलेट' में अगर पेशाब करने वाली जगह पर चींटियाँ दिखें तो अपने रक्त की जाँच करवाएं, हो सकता है आपको डायबिटीज़ हो।

भारतीय संस्कृति की पहचान 'आयुर्वेदिक चिकित्सा' में भी इस रोग का वर्णन है। आज से 2500-3000 वर्ष पहले भी इस रोग का ज्ञान आयुर्वेदिक चिकित्सकों को था। लब्धप्रतिष्ठित 'चरक संहिता' के महर्षि चरक ने इस रोग का वर्णन कुछ इस प्रकार किया है –

स्थूल प्रमेही बलवानहि एकः
कृक्षुरतथेव परिदुर्बलक्ष्य।
संवहरणंतम् कृशस्य कार्यम्
संशोधनं दोष बलाधिकस्य।।

अर्थात् यह बीमारी दो तरह की होती है, एक में तगड़े एवं बलवान लोगों पर असर होता है (जिसे हम आजकल के जमाने में एन.आई.डी.डी.एम. या टाईप-2 डायबिटीज़ कहते हैं) दूसरी तरह की बीमारी में पतले एवं कमज़ोर लोग प्रभावित होते हैं, जिसे हम आजकल के जमाने में आई.डी.डी.एम. या टाईप-1 डायबिटीज़ कहते हैं। उस जमाने में जब किसी व्यक्ति को बहुत ज़्यादा कमज़ोरी या आलस की शिकायत या बार-बार फोड़े-फुन्सियों की शिकायत होती थी और उसके पेशाब करने वाली जगह पर चींटियाँ या कीड़े इकट्ठा होते थे, तो उस व्यक्ति को 'मधुमेह रोग' से ग्रसित कहा जाता था।

विश्व में सबसे अधिक मधुमेह कहाँ है?

भारत मधुमेह की राजधानी

आपको जानकर आश्चर्य होगा कि हमारे देश भारत को विश्व में 'मधुमेह की राजधानी' के नाम से जाना जाता है और विश्व में सबसे अधिक मधुमेह रोगी हमारे देश में ही पाए जाते हैं। डब्ल्यू.एच.ओ. (W.H.O.) के मुताबिक विश्व भर में सन् 1995 में 13.5 करोड़ मधुमेह रोगी थे, जिनमें से 1.4 करोड़ मधुमेह रोगी भारतवर्ष में थे। लेकिन आने वाले 20 वर्षों में जहां विश्व में मधुमेह रोगियों की संख्या 30 करोड़ तक पहुंचेगी वहीं भारत में मधुमेह रोगियों की संख्या 5 से 7 करोड़ तक पहुंच जाएगी। आज की तारीख में दुनिया का हर पांचवाँ मधुमेही व्यक्ति भारतीय है। हाल ही में किए गए एक सर्वेक्षण के मुताबिक 40 से अधिक उम्र वाले प्रत्येक बारह (शहरी) भारतीयों में से एक मधुमेह रोग से पीड़ित हो सकता है। इस तरह हम कह सकते हैं कि यह रोग इस दुनिया एवं खासकर भारतीय उपमहाद्वीप में एक महामारी का रूप ले चुका है, और मधुमेह रोग से ग्रसित व्यक्तियों की संख्या तेजी से बढ़ रही है।

आखिर मधुमेह क्या है?

रक्त में शुगर (ग्लूकोज़ या शर्करा) की मात्रा के एक निश्चित सीमा से अधिक होने को 'मधुमेह' या 'डायबिटीज़' कहते हैं। हालांकि 'शुगर' हमारे शरीर को शक्ति प्रदान करने के लिए आवश्यक है किंतु इसका एक सीमा से अधिक होना परेशानी का सबब बन जाता है। हमारे द्वारा खाने में ली गई शक्कर या 'कार्बोहाइड्रेट' आंतों में पाचन के बाद 'ग्लूकोज़' में परिवर्तित हो जाती है। यह ग्लूकोज़ रक्त के जरिए शरीर की सभी कोशिकाओं (सैल्स) तक पहुंचता है। ये कोशिकाएँ ग्लूकोज़ का प्रयोग ईंधन अर्थात् शक्ति के स्रोत के रूप में करती हैं जिससे हमें काम करने की ऊर्जा या ताकत मिलती है।

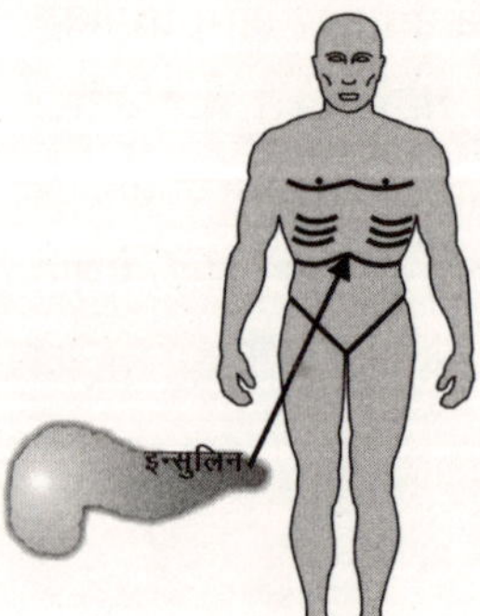

हमारे शरीर के पेट के ऊपरी भाग में अग्नाशय (पैन्क्रियाज़) नामक अंग होता है जो 'इन्सुलिन' नाम के 'हारमोन' का उत्पादन करता है। यह इन्सुलिन रक्त में उपस्थित ग्लूकोज़ को कोशिकाओं के भोजन के लिए उपलब्ध कराता है ताकि ग्लूकोज़ का उपयोग शक्ति उत्पन्न करने में हो सके।

इन्सुलिन की तुलना हम एक चाबी से कर सकते हैं जो कोशिकाओं के दरवाजे को खोलती है, जिससे रक्त में उपस्थित ग्लूकोज़ उनमें प्रवेश करती है और हमें ऊर्जा प्राप्त होती है। जो व्यक्ति मधुमेह रोगी होते हैं, उनके शरीर में या तो इन्सुलिन उपस्थित नहीं होती (टाइप-1 डायबिटीज़ रोगी) या इन्सुलिन होती तो है पर यह असरदार नहीं होती (टाइप-2 डायबिटीज़ रोगी)। जब इन्सुलिन का अभाव होता है तो ऐसी स्थिति में ग्लूकोज़ कोशिकाओं में प्रवेश नहीं कर पाता और परिणामस्वरूप रक्त में शक्कर की मात्रा बढ़ जाती है। जब रक्त में शक्कर की मात्रा एक निश्चित स्तर (180 मिग्रा प्रतिशत) से ज़्यादा हो जाती है तो वह मूत्र के रास्ते बाहर आने लगती है।

मधुमेह कितने प्रकार का होता है ?

वैसे तो हर एक मधुमेह रोगी अलग प्रकार का होता है, लेकिन उन्हें मुख्यतः दो समूहों में बांटा जा सकता है, जैसे टाइप-1 या आई.डी.डी.एम एवं टाइप-2 या एन.आई.डी.डी.एम.।

टाइप-1 या आई.डी.डी.एम. रोगी (Type-1 or I.D.D.M.)

मधुमेह के करीब 5 प्रतिशत रोगी इस श्रेणी में आते हैं, जो कि अधिकतर बच्चे या युवा होते हैं। ये मधुमेही दुबले-पतले होते हैं, जिनमें रोग की शुरुआत अचानक होती है। इन व्यक्तियों के अग्नाशय में इन्सुलिन बनाने वाली कोशिकाएँ (आईलेट सैल्स) किन्हीं कारणों से स्वतः प्रतिरक्षण (ऑटोइम्यून) प्रणाली

द्वारा स्वतः ही नष्ट हो जाती हैं। इस स्वतः नष्ट होने वाली प्रणाली की शुरुआत कैसे होती है, इसकी जानकारी अभी तक नहीं है। लेकिन ऐसा माना जाता है कि यह कुछ 'वायरस' (जीवाणु) संक्रमणों (viral infection – वायरल इनफैक्शन) के कारण होता है। क्योंकि ऐसे व्यक्तियों में इन्सुलिन नहीं बन पाती है, तो इन्हें जिन्दा रहने के लिए बाहर से दी जाने वाली इन्सुलिन की आवश्यकता पड़ती है (इन्सुलिन डिपेन्डेन्ट डायबिटीज़ मैलाइट्स)।

टाइप-2 या एन.आई.डी.डी.एम. रोगी (Type-2 or N.I.D.D.M.)

मधुमेह के करीब 95 प्रतिशत रोगी इस श्रेणी में आते हैं। ये रोगी अधिकतर अधेड़ उम्र के (40+) होते हैं और मोटे होते हैं (उदरीय मोटापा या तोंद निकलना)। इस प्रकार के मधुमेही के रिश्तेदार भी मधुमेह से पीड़ित हो सकते हैं। इनकी बीमारी धीरे-धीरे बढ़ती है। इन रोगियों में इन्सुलिन की कमी तो नहीं होती है लेकिन शरीर में उपस्थित इन्सुलिन असरदायक नहीं होती या उसमें दोष होता है (इन्सुलिन रेसीस्टेन्स)। इस दोष के कारण हुई इन्सुलिन की कमी को पूरा करने के लिए पहले इन्सुलिन का उत्पादन करने वाली कोशिकाएँ अधिक मात्रा में इन्सुलिन स्रावित करती हैं।

अर्थात् इस प्रकार के रोगियों में इन्सुलिन का स्तर अधिक तो होता है लेकिन उसके बेअसर होने के कारण ब्लड शुगर बढ़ जाता है और मधुमेह रोग विकसित हो जाता है। इस प्रकार के रोगियों को ग्लूकोज़ का उपयोग बढ़ाने तथा इन्सुलिन का उत्पादन बढ़ाने वाली दवाइयों की आवश्यकता होती है। यह सभी तरीके कुछ वर्षों तक काम करते हैं, लेकिन बाद में इन दवाइयों के बावजूद शरीर में इन्सुलिन का उत्पादन पर्याप्त मात्रा में नहीं हो पाता है और इन्हें इन्सुलिन के टीके की आवश्यकता पड़ती है।

टाइप-1 या आई.डी.डी.एम. रोगी (Type-1 or I.D.D.M.)	टाइप-2 या एन.आई.डी.डी.एम. रोगी (Type-2 or N.I.D.D.M.)
5 प्रतिशत रोगी	95 प्रतिशत रोगी
मरीज़ – बच्चे या युवा	अधेड़ अवस्था (40+)
दुबले-पतले	मोटे (उदरीय मोटा)
बीमारी तेजी से बढ़ती है।	बीमारी धीरे-धीरे बढ़ती है।
अग्नाशय : स्वतः प्रतिरक्षण (ऑटो इम्यून) प्रणाली द्वारा नष्ट	अधिकतर वंशानुगत
इन्सुलिन का उत्पादन कम	इन्सुलिन का उत्पादन अधिक पर असरदार नहीं (इन्सुलिन रेसिस्टेन्स)
ज़िन्दा रहने के लिए इन्सुलिन ज़रूरी	इन्सुलिन पर निर्भर नहीं, पर बेहतर नियंत्रण हेतु अक्सर इन्सुलिन की आवश्यकता

2. मधुमेह के कारण

आपको यह जानकर आश्चर्य होगा कि जिस रोग की जानकारी पिछले 3000 वर्षों से है, उसके मूल कारण का अभी तक पता नहीं चल सका है। कारण है तो निवारण है, और यही कारण है कि आज तक चिकित्सा-शास्त्र के इतना विकसित होने के बावजूद हम मधुमेह को नियंत्रित कर सकते हैं लेकिन उसे हमेशा के लिए ख़त्म नहीं कर सकते।

मधुमेह के कारणों की स्पष्ट जानकारी न होने के बावजूद यह स्पष्ट है कि यह रोग संक्रामक नहीं है अर्थात् यह रोग 'छूत' की बीमारी नहीं है। मधुमेह आपको किसी के साथ रहने से नहीं लग सकता है, न आपके द्वारा किसी अन्य व्यक्ति को हो सकता है, जैसे अक्सर सर्दी, जुकाम या चर्म रोगों में होता है। यह भी अक्सर देखा गया है कि अगर किसी स्त्री को मधुमेह है तो उसके पति को यह शक होता है कि उसकी पत्नी से उसे भी यह रोग न हो जाए, लेकिन ऐसा नहीं होता है। विभिन्न अनुसंधानों तथा सर्वेक्षणों से जो निष्कर्ष सामने आए हैं उनके अनुसार निम्नलिखित कारण मधुमेह होने के लिए उत्तरदायी हो सकते हैं –

1. **अनुवांशिकता** – मधुमेह होने के सर्वोपरि कारणों में आनुवांशिकता सबसे प्रमुख है, अर्थात् यह रोग पीढ़ी-दर-पीढ़ी चलता है। सामान्यतः प्रौढ़ावस्था या वृद्धावस्था में होने वाला मधुमेह (टाइप-2 या एन.आई.डी.डी.एम.) में आनुवांशिकता की महत्त्वपूर्ण भूमिका होती है। करीब 40 प्रतिशत व्यक्तियों को यह रोग विरासत में मिलता है। लेकिन ज़रूरी नहीं है कि ऐसे परिवारों में जन्म लेने वाले सभी लोग मधुमेह से पीड़ित हों। अगर माँ-बाप में से कोई एक मधुमेही हो तो 30-40 प्रतिशत संभावना होती है कि उनके बच्चों में भी यह रोग हो सकता है। अगर माता-पिता दोनों ही मधुमेह रोगी हैं तो 50-60 प्रतिशत संभावना होती है कि उनके बच्चों में भी यह रोग हो सकता है।

ऐसे व्यक्ति जिनकी पहली पीढ़ियों में अधेड़ या वृद्धावस्था में मधुमेह रोग हुआ हो और ऐसे व्यक्तियों का वज़न ज़्यादा है तो उनमें मधुमेह रोग का ख़तरा बढ़ जाता है। इन व्यक्तियों में मधुमेह की शुरुआत किसी गंभीर बीमारी, बड़े ऑपरेशन, अत्याधिक तनावपूर्ण परिस्थिति अथवा किसी गंभीर दुर्घटना के बाद हो सकती है। याद रखिए, मधुमेह रोग बिना किसी चेतावनी के भी प्रकट हो सकता है।

2. **मोटापा** – आपके औसत वज़न (आइडियल बॉडी वेट) से 20 प्रतिशत अधिक वज़न, आप में मोटापे को दर्शाता है। मोटे व्यक्तियों में इन्सुलिन कम असरदार होती है अर्थात् 'इन्सुलिन रेसिस्टेन्स'। मोटे व्यक्तियों में इन्सुलिन तो अधिक बनती है, लेकिन 'इन्सुलिन रेसिस्टेन्स' के कारण उसका असर नहीं होता है। मधुमेह 'उदरीय मोटे' (तौंद वाले मोटे) लोगों में अधिक होती है। मधुमेह रोग से ग्रसित करीब 80 प्रतिशत व्यक्ति मोटापे से ग्रसित होते हैं। जैसाकि मैंने पहले भी कहा है कि जिन व्यक्तियों के खानदान के किसी सदस्य में प्रौढ़ावस्था या अधेड़ावस्था में मधुमेह रोग प्रकट हुआ हो तथा उनका किसी भी कारणवश वज़न बढ़ने लगता है तो उनमें मधुमेह होने की संभावना बहुत प्रबल हो जाती है।

3. **चिंता तथा तनाव** – मानसिक तनाव, भीषण दुर्घटना, व्यवसाय में नुकसान, किसी प्रियजन की मृत्यु अथवा किसी अन्य तरह की चिंता भी मधुमेह के व्यक्ति में शुगर के बढ़ने का कारण हो सकती है। यह देखा गया है कि शहरों तथा महानगरों में ग्रामीण क्षेत्रों की तुलना में अधिक मधुमेह रोगी पाए जाते हैं, जिसका मुख्य कारण शहरों की तेज भागती ज़िन्दगी तथा उससे जुड़ी चिंताएँ तथा तनाव होता है।

4. हार्मोनल बिमारियाँ – कुछ हार्मोनल बीमारियों का होना भी मधुमेह का कारण बन सकता है, जैसे –

क. 'थायरोटॉक्सीकॉसिस' (Thyrotoxicosis) अर्थात् अति सक्रिय गले की ग्रन्थि 'थायरॉइड'। ऐसे व्यक्तियों का वज़न बहुत कम होता है, उन्हें गर्मी बहुत ज़्यादा लगती है और उनकी छाती की धड़कन अक्सर बढ़ जाती हैं और वे हमेशा 'रेस्टलेस' रहते हैं।

ख. 'एक्रोमिगेली' (Acromegaly) अर्थात् मस्तिष्क में स्थित 'पिट्यूटरी' ग्रन्थि द्वारा 'ग्रोथ हार्मोन' का अधिक स्राव। ऐसे व्यक्तियों की लंबाई-चौड़ाई साधारण व्यक्ति की तुलना में बहुत ज़्यादा होती है।

ग. 'कुशिंगसिंड्रोम' (Cushing Syndrome) अर्थात् गुर्दे के ऊपर पाए जाने वाली 'सुपरारीनल ग्रन्थि' के द्वारा 'स्टीरॉयड हार्मोन' का अधिक स्राव। ऐसे व्यक्तियों का वज़न अधिक होता है, उनमें ब्लड प्रेशर भी ज़्यादा होता है, उनके शरीर पर काली या भूरी धारियाँ पाई जाती हैं।

5. दवाएँ – कुछ दवाइयों का अगर लम्बे समय तक सेवन किया जाए तो उससे भी मधुमेह होने का अंदेशा बन जाता है। ऐसी कुछ दवाइयाँ हैं, जैसे – स्टीरॉयड (प्रेडनीसलॉन, डेकाड्रॉन इत्यादि), गर्भ निरोधक गोलियाँ, दर्द की कुछ दवाइयाँ एवं मिर्गी की कुछ दवाइयाँ (पैन्टेथल सोडियम, एप्टोयन, बीटाब्लॉकर, डायुरेटिक, इत्यादि।

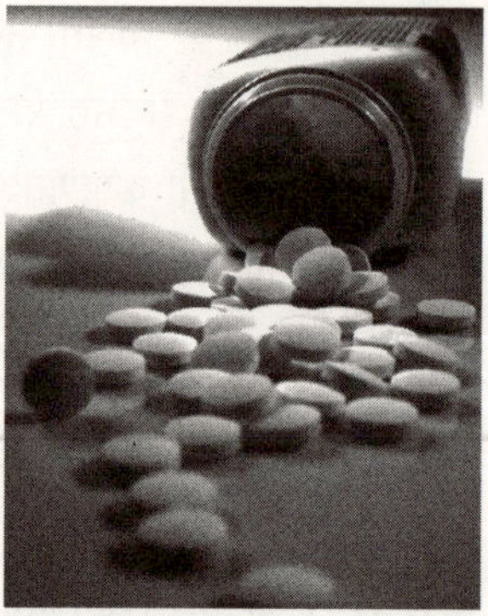

6. संक्रमण – इन्सुलिन पैदा करने वाले अंग पैनक्रियास (अग्नाशय) का संक्रमण अर्थात् 'पैनक्रेयटायटिस' भी मधुमेह का कारण हो सकता है। जो व्यक्ति शराब का अत्याधिक सेवन करते हैं, उनमें पैनक्रेयटायटिस होने का ख़तरा बहुत ज़्यादा होता है और इस रोग में बुखार के साथ पेट के ऊपरी भाग में बहुत तेज़ दर्द होना एक प्रमुख लक्षण होता है।

7. 'गर्भावधि मधुमेह' (Gestational Diabetes) – कई बार गर्भावस्था के दौरान मधुमेह की स्थिति पैदा हो जाती है, जो कि अधिकतर शिशु के जन्म के बाद ख़त्म हो जाती है, इसे 'गर्भावधि मधुमेह' कहते हैं। ऐसी महिलाएँ अधिकतर बड़े आकार के बच्चों को जन्म देती हैं और बच्चे में अन्य विकृतियाँ भी हो सकती हैं और प्रसव के बाद भी ऐसी स्त्रियों में मधुमेह होने की प्रबल संभावना होती है।

8. 'इथनीसीटी' (Ethnicity) – कुछ विश्व समुदायों या जातियों में मधुमेह का रोग अन्य जातियों से अधिक पाया जाता है। अमेरीका के 'रैड इंडियन' समुदाय में लगभग आधे से अधिक लोगों को प्रौढ़ावस्था तक पहुंचते-पहुंचते यह रोग घेर लेता है। और जैसाकि मैंने पहले भी कहा है कि भारतीय उपमहाद्वीप के व्यक्तियों में यह रोग अधिकता से पाया जाता है और इस उपमहाद्वीप में मधुमेह रोगियों की संख्या पूरी दुनिया की तुलना में बहुत तेज़ी से बढ़ रही है।

3. मधुमेह के लक्षण

जैसाकि हम जानते हैं कि मधुमेह रोगी में इन्सुलिन नामक हार्मोन की कमी के कारण ब्लड ग्लूकोज़ ऊत्तक या कोशिकाओं में प्रवेश नहीं कर पाता है। जब शर्करा या ग्लूकोज़ कोशिकाओं में प्रवेश नहीं कर पाता है तो उसका स्तर रक्त में बढ़ने लगता है। स्वस्थ व्यक्ति के मूत्र में ग्लूकोज़ नहीं पाया जाता, लेकिन जब किन्हीं कारणों से ब्लड ग्लूकोज़ का स्तर 'रीनल थ्रेशोल्ड' (180 मिग्रा प्रतिशत) से अधिक हो जाता है तो ग्लूकोज़ मूत्र में जाने लगता है। मूत्र में ग्लूकोज़ जाने के कारण वह शरीर से अधिक मात्रा में पानी खींचता है, इसलिए बार-बार एवं बहुत अधिक मूत्र त्याग होता है। अतः पेशाब आने एवं शरीर से अत्यधिक मात्रा में पानी निकलने के कारण रोगी को प्यास लगती है। इस अवस्था में हालांकि रक्त में बहुत अधिक मात्रा में ग्लूकोज़ होता है, लेकिन इन्सुलिन की कमी के कारण यह ग्लूकोज़ कोशिकाओं में ऊर्जा के लिए प्रवेश नहीं कर पाता। इससे कोशिकाएँ ग्लूकोज़ के लिए 'तरसती' हैं। इसके परिणामस्वरूप रोगी को अधिक भूख लगती है। लेकिन शारीरिक ऊर्जा की कमी के कारण मरीज़ को थकावट या कमज़ोरी का अनुभव होता है।

यद्यपि मधुमेह रोगी अधिक मात्रा में खाना खाते हैं, परंतु उनकी कोशिकाओं को पर्याप्त मात्रा में ग्लूकोज़ नहीं मिल पाता, परिणामस्वरूप ये कोशिकाएँ ऊर्जा प्राप्ति के लिए शरीर की वसा (फैट) एवं प्रोटीन का उपयोग करने लगती हैं। जिसके कारण शरीर 'गलने' लगता है और रोगी का वज़न घटने लगता है। कभी-कभी जब रक्त में शुगर की मात्रा बहुत बढ़ जाती है, तो कुछ लोगों में चिड़चिड़ापन भी देखा जाता है। अगर रक्त में शुगर का स्तर बहुत अधिक बढ़ जाए तो व्यक्ति 'कौमा' (बेहोशी) में जा सकता है, उसे संक्रामक रोग हो सकते हैं और उसकी मृत्यु भी हो सकती है।

इसके अलावा कुछ अन्य लक्षण भी मधुमेह का अंदेशा सूचित करते हैं। जैसे हाथ-पैरों में 'सुन्नपन' अथवा 'झनझनाहट' या बहुत तेज़ दर्द खुज़ली – पूरे शरीर खासकर जननांगों, जांघों अथवा पेशाब की जगह। महिलाओं के जननांगों में खुजली, सूजन एवं फफूंद (फंगस) का संक्रमण। फोड़े-फुन्सियों का बार-बार होना

तथा छोटे-मोटे जख़्मों का आराम से न भरना। पिंडलियों में दर्द या रात को सोते समय या दिन में चलते-चलते पिंडलियों में बाँयटे (कढ़वल) पड़ना। आंखों से धुंधला दिखाई देना एवं चश्मे का नम्बर जल्दी-जल्दी बढ़ना।

मधुमेह के सभी रोगियों में इस प्रकार के लक्षण नहीं दिखाई देते। कई लोगों में तो मधुमेह का कोई भी लक्षण दिखाई नहीं देता और उनमें रोग की पहचान नियमित रक्त जाँच के दौरान या सर्जरी से पहले तथा किसी अन्य कारण से खून अथवा पेशाब की जाँच करने से पता चलता है। नीचे दी गई तालिका के मुताबिक अपने अंकों को जोड़िए –

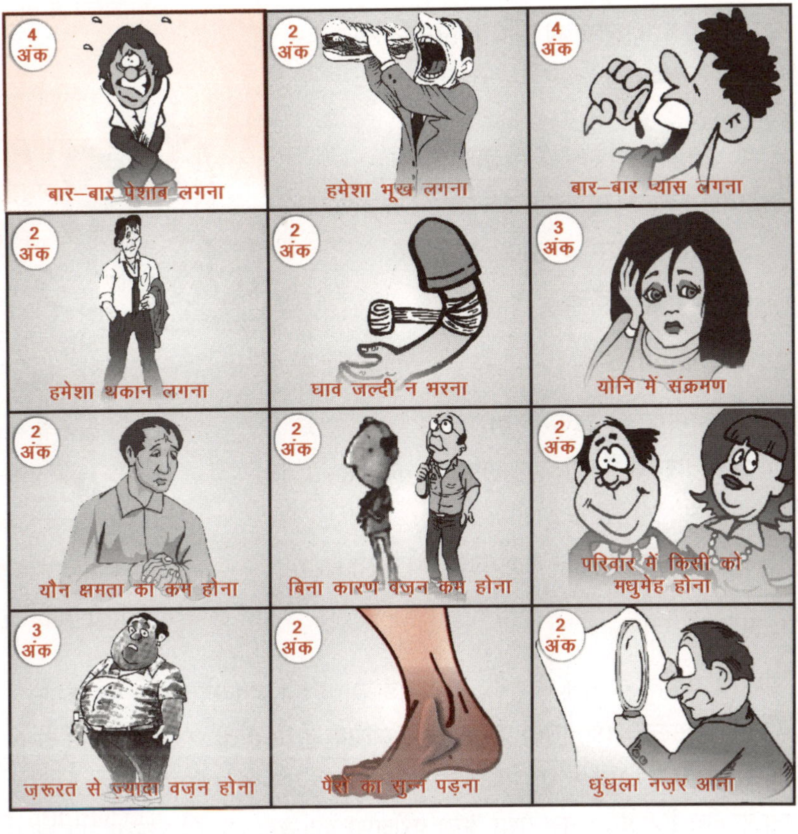

अगर अंकों का जोड़ 7 से अधिक है तो हो सकता है कि आपको मधुमेह हो।

4. मधुमेह की जाँच

जिस हिसाब से मधुमेह के रोगियों की संख्या में वृद्धि हुई है, उसमें हमारे रहन-सहन के ढंग में परिवर्तन, हमारे खान-पान में परिवर्तन तो कारण है ही, लेकिन इस रोग की जाँच और निदान के बहुत आसान तरीके बाज़ार में उपलब्ध होने के साथ-साथ लोगों में इस रोग के बारे में जागरूकता पैदा होने के कारण भी अधिक-से-अधिक नए मधुमेह रोगियों का पता चलता है। इसमें कोई दो राय नहीं है कि अगर मधुमेह के बारे में शुरू से पता लग जाए तो इसकी रोकथाम एवं इलाज अच्छे तरीके से किया जा सकता है।

मधुमेह का पता करने की विधियाँ निम्नलिखित हैं –

1. मूत्र की जाँच –

1. 'बैनेडिक्ट रिएजेंट' के द्वारा
2. 'ग्लूकोज़ स्ट्रिप' या 'डायस्टिक' के द्वारा
3. 'कीटोस्टिक्स' के द्वारा
4. 'माइक्राल' टैस्ट

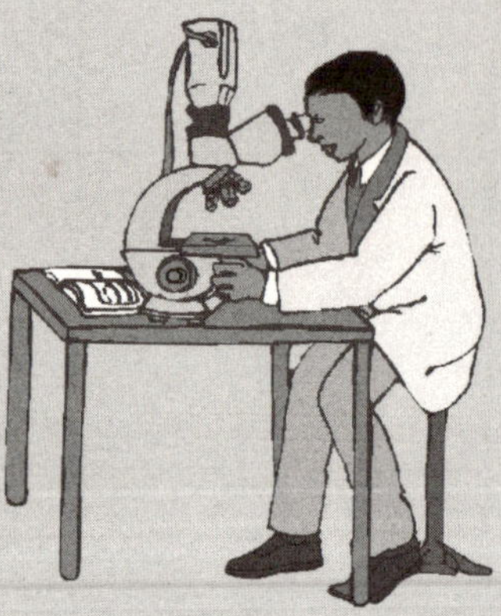

2. रक्त की जाँच –

1. 'हीमोग्लूको टैस्ट' के द्वारा
2. लेबोरेटरी में 'ऑटोएनालाइजर' के द्वारा
3. 'ग्लूकोमीटर' के द्वारा
4. 'ग्लूकोवाच' (रक्त में शुगर बताने वाली घड़ी)

1. मूत्र की जाँच

सामान्य व्यक्ति के मूत्र में शुगर नहीं पाई जाती है। जब रक्त में शुगर का स्तर 'रीनल थ्रेशोल्ड' (180 मिग्रा प्रतिशत) से अधिक होता है तो रोगी के मूत्र में शुगर जाने लगती है। मूत्र में उपस्थित इस शुगर का विभिन्न विधियों से पता लगाया जा सकता है। अपने मूत्र तथा अन्य परीक्षणों का सही रिकॉर्ड रखना आवश्यक है।

मूत्र में शुगर की जाँच एक सरल एवं आसान परीक्षण है। मधुमेह के हर रोगी को यह परीक्षण करना आना चाहिए। मूत्र में शुगर की जाँच करने के लिए मूत्र का नमूना इकट्ठा करने का अलग तरीका होता है –

1. 'टॉयलेट' में पेशाब करें और इस नमूने को इकट्ठा न करें ।
2. एक या दो गिलास पानी पीयें।
3. आधे घंटे बाद दोबारा पेशाब करें और इस नमूने को इकट्ठा करें।
4. दूसरे नमूने से शुगर की जाँच करें।

   कुछ घंटों से मूत्राशय (यूरिनरी ब्लेडर) में रह रहे मूत्र में पहले से उपस्थित शुगर हो सकती है। इसीलिए दूसरा नमूना अप्रत्यक्ष रूप से मूत्र परीक्षण के समय के ब्लड शुगर के स्तर को प्रतिबिम्बित करता है।

क. 'बैनेडिक्ट टैस्ट' – यह मधुमेह रोगी के मूत्र में शुगर का स्तर पता करने की सबसे प्राचीन विधि है जिसका उपयोग अभी भी दूर-दराज़ के इलाकों में (जहाँ मधुमेह की जाँच करने के आधुनिक तरीके नहीं होते) किया जाता है।

विधि –

1. एक परखनली (Test Tube) में पांच से दस मिलीलीटर 'बैनेडिक्ट रीएजेन्ट' लीजिए।
2. इस परखनली में दो-तीन बूंद मूत्र मिलाइए।
3. इस परखनली को चिमटी से पकड़कर आग की ज्वाला पर रखिए।
4. गर्म होने पर 'बैनेडिक्ट रीएजेन्ट' (जो कि नीले रंग का होता है) मूत्र में उपस्थित शुगर की मात्रा के अनुसार अपना रंग बदलता है, जैसे नीला, बैंगनी, गुलाबी तथा लाल।
5. परिवर्तित रंग के मुताबिक पेशाब में शुगर की मात्रा को +, ++, +++, ++++ द्वारा दर्शाया जाता है।

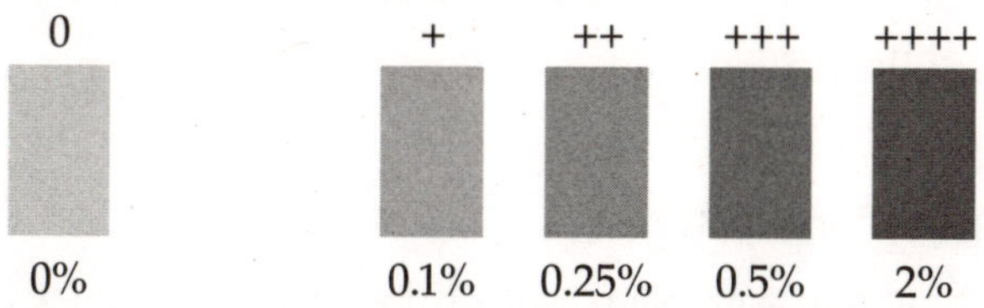

ख. 'ग्लूकोस्ट्रिप्स' या 'डायस्टिक' – सभी जगह 'ग्लूकोस्ट्रिप्स' या 'डायस्टिक' के द्वारा बहुत ही सरल तरीके से पेशाब में शुगर की जाँच की जा सकती है।

विधि –

1. एक शीशी में थोड़ा पेशाब लें।
2. 'ग्लूकोज़ स्ट्रिप्स' को पेशाब में भिगो लें।
3. डिब्बी पर लगे रंगों के साथ एक निश्चित समय के अंतराल पर 'ग्लूकोज़ स्ट्रिप्स' की परीक्षण पट्टी के बदलते रंग को मिलाएं।
4. परीक्षण पट्टी के परिवर्तित रंग के मुताबिक आपको पता लग जाएगा कि मूत्र में शुगर है या नहीं और अगर है तो शुगर की सांद्रता के मुताबिक +, ++, +++, ++++ है। यह ज़रूरी नहीं होता कि हर मधुमेह रोगी के पेशाब में 'शुगर' निशान दे। जब रक्त शुगर की मात्रा 180 मिग्रा प्रतिशत (रीनल थ्रेशोल्ड) से अधिक होती है तभी परीक्षण पट्टी का रंग बदलता है। कुछ दवाइयाँ भी गलत निशान दे देती हैं। अधिक मात्रा में 'विटामिन सी' की गोलियाँ, कुछ सिर दर्द की गोलियाँ तथा 'एल्डोमेट' की गोलियों से भी गलत निशान मिल सकता है। इसीलिए इन दवाइयों को बंद करके ही पेशाब का परीक्षण करना चाहिए।

ग. 'कीटोन टेस्टिंग' – अगर मूत्र के परीक्षण के परिणाम मूत्र में अत्यधिक मात्रा में शुगर की उपस्थिति बताते हैं तो मूत्र में 'कीटोन' नामक पदार्थ का परीक्षण करना भी आवश्यक होता है। टाईप-1 मधुमेह रोगियों में जब शुगर किन्हीं कारणों से नियंत्रण से बाहर हो जाती है, तो शरीर रक्त में उपस्थित ग्लूकोज़ का उपयोग नहीं कर पाता एवं शरीर की चर्बी का उपयोग ऊर्जा उत्पादन के लिए करने लगता है। जब शरीर से अत्यधिक चर्बी का उपयोग ऊर्जा उत्पन्न करने के लिए होता है, तो 'कीटोन्स' नामक पदार्थ उत्पन्न होते हैं जो कि रक्त, मूत्र एवं श्वास में उपस्थित होते हैं, मूत्र में कीटोन्स की उपस्थिति हम बहुत ही सरल विधि से पता कर सकते हैं।

विधि –

1. एक शीशी में पेशाब का नमूना लें।
2. 'कीटोस्टिक' (एक तरीके की परीक्षण पट्टी) को पेशाब में डुबाएँ।

3. एक निश्चित समय के उपरांत ('डायस्टिक्स' के द्वारा मूत्र शुगर की जाँच की तरह) डिब्बी पर लगे रंगों के साथ, परीक्षण पट्टी के बदलते रंग को मिलायें।
4. परीक्षण पट्टी के बदलते हुए रंग से आपको पता चल जाएगा कि मूत्र के नमूने में 'कीटोन्स' हैं या नहीं और अगर हैं तो कितने हैं, जैसे 'ट्रेस' (यानि थोड़े से), +, ++, +++ या ++++।

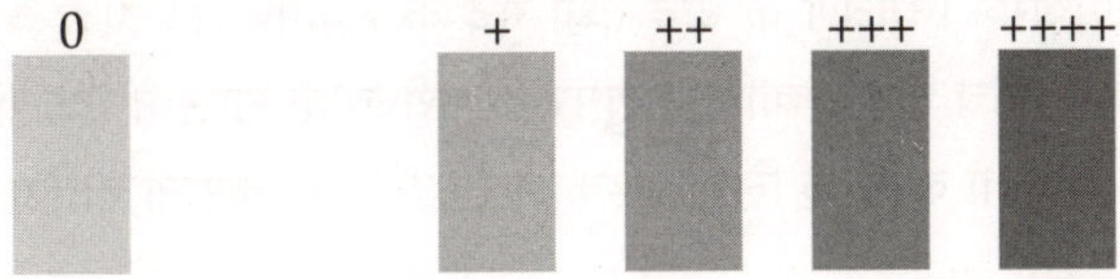

'मूत्र में 'कीटोन्स' की उपस्थिति एक गंभीर समस्या का सूचक है, इसे 'कीटोन यूरिया' कहते हैं, शुगर के जिस मरीज़ को कीटोन यूरिया होता है, उसके बेहोशी ('डायबिटिक कीटो ऐसीडोटिक कोमा') में जाने की संभावना होती है, जो कि जानलेवा हो सकती है, इसीलिए आप जब मूत्र में शक्कर का परीक्षण करायें एवं अत्याधिक मात्रा में शक्कर का पता चले तो 'कीटोन्स' का परीक्षण भी कराना चाहिए।

घ. 'माइक्राल टेस्ट' – इस टेस्ट के द्वारा मूत्र में 'माइक्रो एल्बुमिन' नामक पदार्थ का पता करते हैं। जिन मधुमेह रोगियों की शुगर बहुत लम्बे समय तक अनियंत्रित रहती है, तो उनके पेशाब में 'प्रोटीन' जाने लगता है। सामान्यतः मूत्र में प्रोटीन नहीं होता है, परंतु जब गुर्दे (किडनी) मधुमेह रोग से प्रभावित हो जाते हैं तो एल्बुमिन या प्रोटीन मूत्र में प्रकट हो जाता है। बहुत कम मात्रा में (300 मिग्रा से कम) एल्बुमिन के पेशाब में प्रकट होने की स्थिति को 'माइक्रो एल्बुमिन यूरिया' कहते हैं।

विधि –

1. एक शीशी में मूत्र का नमूना लें।
2. 'माइक्राल' टेस्ट स्ट्रिप (डायस्टिक्स की तरह की एक परीक्षण पट्टी), इस मूत्र के नमूने में डुबायें।
3. परीक्षण पट्टी के रंग में परिवर्तन के अनुसार हम मूत्र में उपस्थित 'माइक्रो एल्बुमिन' का पता लगा सकते हैं।

गुर्दे ख़राब होने का सबसे प्रमुख कारण मधुमेह है। जब मधुमेह रोग 10-15 साल पुराना हो जाता है, और मधुमेह रोगी की शुगर अधिकतर नियंत्रण में नहीं रहती है, तो सबसे पहले मरीज़ के मूत्र में 'माइक्रो एल्बुमिन' जाने लगता है, जो कि 'माइक्राल टेस्ट' के द्वारा पता लगाया जा सकता है और उसका उचित इलाज करके गुर्दों को कुछ हद तक बचाया जा सकता है। गुर्दे के संक्रमण तथा बहुत ज़्यादा ब्लड शुगर होने पर भी 'माइक्राल टेस्ट' पोजिटिव हों सकता है, इसीलिए शुगर नियंत्रण के बाद तथा गुर्दें के संक्रमण को ठीक करके ही इस टेस्ट की जाँच करनी चाहिए। शुगर के मरीज़ को साल में एक बार गुर्दे की स्थिति का पता करने के लिए 'माइक्राल टेस्ट' ज़रूर कराना चाहिए।

2. रक्त शुगर की जाँच

साधारण मनुष्य के शरीर में ब्लड शुगर की एक निश्चित मात्रा होती है, भूखे पेट (फास्टिंग) 70 मिग्रा प्रतिशत से 100 मिग्रा प्रतिशत तथा नाश्ते के दो घंटे के बाद (पी.पी.) 110 मिग्रा प्रतिशत से 140 मिग्रा प्रतिशत। यदि किन्हीं कारणों से रक्त शर्करा या ब्लड शुगर की मात्रा इस सीमा से अधिक होती है तो ऐसे व्यक्ति को मधुमेही कहा जाता है। मधुमेह से आपके शरीर में रक्त ग्लूकोज़ का स्तर सामान्य नहीं रह पाता है। रक्त में शुगर की मात्रा को नापने की बहुत सारी विधियाँ हैं।

क. 'हीमोग्लूको टेस्ट' के द्वारा – 'हीमोग्लूकोस्टिक' एक परीक्षण पट्टी होती है जिसके 'रीएजेन्ट पैड' पर एक बूंद डालने पर एक निश्चित अवधि के बाद रीएजेन्ट पैड का रंग बदल जाता है। रंग में होने वाले परिवर्तन को एक अलग 'रंग चार्ट' से तुलना करके हमें रक्त में शुगर की मात्रा का पता चल जाता है।

ख. लेबोरेटरी में 'ऑटोएनालाइजर' के द्वारा ब्लड शुगर की जाँच – आजकल विभिन्न प्रयोगशालाओं में विभिन्न प्रकार की मशीनें (ऑटो एनालाइजर्स) होती हैं जो कुछ ही क्षणों में रक्त में ब्लड शुगर का पता बता देती हैं। उंगली से लिए गए रक्त में शक्कर की मात्रा, हाथ की नस से लिए गए रक्त से 10 प्रतिशत अधिक होती है, अतः प्रयोगशाला में हमेशा पूछ लेना चाहिए कि वो किस तरह का टेस्ट कर रहे हैं।

आप स्वयं देखें कि आपका ब्लड शुगर नियंत्रण कैसा है?

	खाली पेट ब्लड शुगर (फास्टिंग)	नाश्ते के 2 घंटे बाद ब्लड शुगर (पी.पी.)
सामान्य	110 मिग्रा प्रतिशत से कम	140 मिग्रा प्रतिशत से कम
संतोषजनक	110 से 140 मिग्रा प्रतिशत	140 से 180 मिग्रा प्रतिशत
ख़राब	140 मिग्रा प्रतिशत से अधिक	180 मिग्रा प्रतिशत से अधिक

ग. **'ग्लूकोमीटर' के द्वारा ब्लड शुगर की जाँच** – आजकल इस विधि के द्वारा रक्त शर्करा (ब्लड शुगर की जाँच) बहुत आसान हो गयी है। ग्लूकोमीटर एक बड़ी माचिस की डिबिया जैसा यंत्र होता है जिसमें एक परीक्षण पट्टी (ग्लूकोस्टिक) लगाकर रक्त की एक बूंद डालकर कुछ क्षणों में ही रक्त शुगर की मात्रा का पता चल जाता है। आजकल इस यंत्र का प्रचलन खासकर महानगरों में, बहुत बढ़ रहा है क्योंकि इस यंत्र के द्वारा आप अपने घर पर एवं आपातकालीन स्थितियों में भी ब्लड शुगर का पता करके ब्लड शुगर का नियंत्रण अच्छी तरीके से कर सकते हैं।

घ. **'ग्लूकोवाच' (रक्त में शुगर बताने वाली घड़ी)** – यह हाथ में बांधने वाली घड़ी जैसा अत्याधुनिक यंत्र होता है जिससे कि बिना सूई के चुभे हमें चमड़ी के जरिए ब्लड शुगर का पता चलता है। यह उपकरण हमारे देश में नहीं मिलता है, लेकिन पश्चिमी देशों, जैसे यूरोप तथा अमेरिका में यह उपलब्ध है। इसके द्वारा नापे गए ब्लड शुगर में वास्तविक ब्लड शुगर की तुलना में 20 प्रतिशत तक ग़लती पाई गई है इसीलिए इसका प्रचलन पश्चिमी देशों में भी बहुत ज़्यादा नहीं है।

ग्लूकोस टोलरेंस टैस्ट (G.T.T.)

यह टैस्ट उन लोगों को कराना चाहिए –

1. जिनके परिवार में डायबिटीज़ के रोगी हों।
2. मोटे व्यक्ति, जिनका वज़न औसत वज़न (Ideal Body Weight) से 20 प्रतिशत से अधिक हो।
3. जिनमें मधुमेह की बीमारी के लक्षण नजर आते हैं।
4. हर व्यक्ति जिसे 'टी.बी.' (क्षय रोग) हो।

5. जिनके जख़्म जल्दी नहीं भरते या फोड़े-फुन्सियां बार-बार होती हैं।
6. वह व्यक्ति जिन्हें कम उम्र में उच्च रक्त-चाप या हृदय रोग की बीमारी हो जाए।

सामान्यतः हर एक व्यक्ति को, जो 30 वर्ष से अधिक हो, डायबिटीज़ के लिए ब्लड शुगर की जाँच करवानी चाहिए। इस टेस्ट में सर्वप्रथम भूखे पेट ब्लड शुगर देखी जाती है। तत्पश्चात् व्यक्ति को 75 ग्राम ग्लूकोज़ (बच्चों में 1.75 ग्राम/किग्रा वज़न के मुताबिक) खिलाया जाता है। इसके बाद हर आधे घंटे में खून लिया जाता है अर्थात् आधे घंटे, एक घंटे, डेढ घंटे, दो घंटे के बाद तथा तीन घंटे के बाद भी मरीज़ का खून लिया जाता है। परंतु अब निश्चित हो गया है कि इतनी बार खून लेने की आवश्यकता नहीं होती है। मात्र दो बार खून में शुगर की जाँच करके G.T.T. किया जा सकता है। शुरू में खाली पेट रक्त लिया जाता है, तथा उसमें ब्लड शुगर की मात्रा मालूम की जाती है। तत्पश्चात् 75 ग्राम ग्लूकोज़ खाने के लिए दिया जाता है और इसके दो घंटे बाद दोबारा रक्त में शुगर की मात्रा को नापा जाता है।

इस टेस्ट के दौरान कुछ सावधानियां बरतनी चाहिए, जैसे –

1. तीन-चार दिन पहले से सामान्य भोजन करना चाहिए। कई लोग टेस्ट के एक दो-दिन पहले से कम खाना खाने लगते हैं क्योंकि उन्हें मधुमेह घोषित होने का डर होता है, लेकिन यह अपने आपको धोखा देना होता है।
2. इस टैस्ट से 8-10 घंटे पहले कुछ नहीं खाना चाहिए, परंतु पानी पिया जा सकता है।
3. इस दौरान धूम्रपान नहीं करना चाहिए।
4. इस टैस्ट के दौरान ग्लूकोज़ खाने के बाद मरीज़ को क्लीनिक में ही बैठना चाहिए और दो घंटे के लिए बाहर घूमने अथवा काम के लिए नहीं चले जाना चाहिए। इससे नतीजों पर असर पड़ता है। मरीज़ को दो घंटे बाद रक्त देकर ही क्लीनिक से जाना चाहिए।

विश्व भर में मधुमेह के इलाज, निदान एवं अनुसंधान के लिए विख्यात 'अमेरिकन डायबिटीज़ एसोसिएशन' (A.D.A.) के अनुसार आपको मधुमेह हो सकता है, अगर –

1. आपकी 'फास्टिंग' ब्लड शुगर (आठ से दस घंटे भूखे रहने के बाद) 126 मिग्रा प्रतिशत से अधिक है।

2. आपकी 'पी.पी.' ब्लड शुगर (75 ग्राम ग्लूकोज़ खाने के दो घंटे के बाद) 200 मिग्रा प्रतिशत से अधिक है।
3. आपकी रेन्डम ब्लड शुगर (फास्टिंग या पी.पी. ब्लड शुगर के अलावा) 200 मिग्रा प्रतिशत से अधिक है एवं आपमें मधुमेह के लक्षण मौजूद हैं।

"प्री-डायबिटीज़"

जिन व्यक्तियों में फास्टिंग ब्लड शुगर 100 मिग्रा से अधिक और 126 मिग्रा से कम होती है इसे Impaired Fasting Sugar (I.F.S.) कहते हैं और जिन व्यक्तियों की पी.पी. शुगर 140 मिग्रा से अधिक तथा 200 मिग्रा से कम होती है, उन्हें Impaired Glucose Tolerance (I.G.T.) कहते हैं। इन दोनों अवस्थाओं में Border Line Diabetes होती है एवं ऐसे व्यक्ति को अधिक सजग रहना चाहिए क्योंकि आगे चलकर उन्हें मधुमेह की संभावना होती है।

रक्त में 'ग्लाइकोसाइलेटेड हीमोग्लोबिन' की जाँच

ब्लड शुगर के द्वारा हमें उसी क्षण की मधुमेह की स्थिति के बारे में पता चलता है, लेकिन आप और आपका चिकित्सक कई सप्ताह तक मधुमेह नियंत्रित करने के लिए किए गए इलाज के परिणाम के बारे में जानना चाहेंगे। इसके लिए आजकल रक्त में **'ग्लाइकोसाइलेटेड हीमोग्लोबिन'** की जाँच की जाती है, जिससे हमें यह पता चलता है कि मधुमेह रोगी की डायबिटीज़ पिछले दो-तीन महीनों में कैसी रही है अर्थात् उस व्यक्ति की डायबिटीज़ पिछले आठ से बारह हफ्तों से नियंत्रण में है या नहीं। सामान्य व्यक्ति में 'ग्लाइकोसाइलेटेड हीमोग्लोबिन' छह प्रतिशत से कम होता है और अगर यह मधुमेह के मरीज़ में आठ प्रतिशत से अधिक है तो इसका मतलब मरीज़ की शुगर पिछले तीन महीने से ठीक नहीं चल रही है। अतः सावधानी की आवश्यकता है।

रक्त में 'फ्रक्टोसामिन' की जाँच

इस जाँच से पिछले दो सप्ताह की शुगर की औसत का पता चलता है। इस जाँच का महत्त्व गर्भवती स्त्रियों में अधिक होता है क्योंकि जब कोई महिला गर्भ धारण करती है, अगर उस समय या गर्भावस्था के दौरान उसकी डायबिटीज़ नियंत्रण में नहीं रहती है तो जच्चा और बच्चा दोनों को विभिन्न मुश्किलों का सामना करना पड़ सकता है।

5. "स्वयं ग्लूकोज़ की निगरानी" (SMBG)

जटिल मामलों में मधुमेही द्वारा ब्लड शुगर की स्वयं जाँच करना ज़रूरी होता है। इसे 'स्वयं ग्लूकोज़ की निगरानी' (Self-Monitoring of Blood Glucose – SMBG) कहते हैं। आजकल ग्लूकोमीटर द्वारा घर पर स्वयं ब्लड ग्लूकोज़ टेस्ट करना बड़ा आसान हो गया है। इन लोगों को स्वयं ग्लूकोज़ की निगरानी (SMBG) करनी चाहिए –

1. टाइप-1 मधुमेही छोटे बच्चे।
2. गर्भवती मधुमेही महिलायें।
3. जिनके खून में शर्करा का स्तर नियंत्रित नहीं रहता (Brittle Diabetic)
4. अच्छे नियंत्रण के लिए प्रयासरत रोगी।
5. शारीरिक या मानसिक बीमारी अथवा तनाव के दौरान।
6. जब गुर्दों, हृदय तथा ज़िगर की बीमारी साथ में हो।
7. वो लोग जो दिन में कई बार इन्सुलिन के टीके लगाते हैं या इन्सुलिन पम्प का उपयोग करते हैं।
8. Autonomic Neuropathy (स्वायत्त स्नायुरोग) के रोगी अथवा वे रोगी जिनमें बिना लक्षणों के 'हाइपोग्लाइसीमिया' में जाने की आशंका होती है ।

स्वयं ग्लूकोज़ की निगरानी (SMBG) के फायदे –

1. आपके ब्लड शुगर को नियंत्रण में रखने में मदद मिलेगी।
2. आप अपनी इन्सुलिन या मधुमेह की दवाइयों की मात्रा घटा-बढ़ा सकते हैं।
3. आप अपने भोजन और व्यायाम की मात्रा को घटा-बढ़ा सकते हैं।
4. आप जान सकते हैं कि यदि आप कोई खाद्य पदार्थ खाते हैं, कोई व्यायाम करते हैं या आपका वज़न घटता है तो रक्त शुगर के स्तर पर इसका क्या प्रभाव पड़ता है।
5. बीमारी या तनाव के समय इन्सुलिन या दवाइयों की मात्रा भी आप निर्धारित कर सकते हैं।

6. आपातकालीन स्थितियों में यह पता करके कि ब्लड शुगर का स्तर बहुत कम या बहुत ज़्यादा है तो आप उसको नियंत्रित करने के लिए तुरंत कदम उठा सकते हैं और अस्पताल में भर्ती होने से बच सकते हैं।
7. अगर आप अपने ब्लड शुगर के परिणामों का प्रयोग मधुमेह के इलाज में सुधार के लिए करेंगे तो आपकी ब्लड शुगर नियंत्रित रहेगी, आप मधुमेह की दीर्घकालीन जटिलताओं (chronic complications) से बचे रहेंगे एवं निश्चित रूप से अस्पताल एवं अन्य इलाजों की उच्च लागत से बचे रहेंगे।

स्वयं ग्लूकोज़ की निगरानी (SMBG) के द्वारा आप अपनी एक डायरी (लॉग-बुक) बना सकते हैं, जिसमें नियमित रूप से स्वयं ब्लड शुगर की जाँच करके लिख सकते हैं। इससे आपको पता चलेगा कि आपका मधुमेह नियंत्रण में है या नहीं।

स्वयं ग्लूकोज़ की निगरानी (SMBG) कैसे करें?

आजकल 'ग्लूकोमीटर' के द्वारा SMBG बहुत आसान हो गया है। इस प्रणाली में एक बूंद रक्त के साथ ग्लूकोमीटर के द्वारा कुछ ही क्षणों में हमें ब्लड शुगर का पता चल जाता है। एक बूंद रक्त निकालने के लिए एक संक्रमण रहित (sterilized) लेंसेट (Lancet – एक विशेष प्रकार की सूई) का प्रयोग किया जाता है। लेंसेट का उपयोग एक 'पेनलेट' नामक स्प्रिंग चलित यंत्र के जरिए किया जाता है। इस लेंसेट के द्वारा निकाले गए रक्त की बूंद को 'ग्लूकोमीटर' में 'ग्लूकोस्ट्रिप्स' पर रखा जाता है और कुछ ही क्षणों में ग्लूकोमीटर की स्क्रीन पर ब्लड शुगर का परिणाम प्राप्त हो जाता है। घर में किए जाने वाले ग्लूकोमीटर के द्वारा ब्लड शुगर के परिणाम व्यावसायिक रूप से लेबोरेटरी में किये जाने वाले ब्लड शुगर से दस प्रतिशत अधिक होते हैं। आजकल बाज़ार में बहुत तरीके के ग्लूकोमीटर उपलब्ध हैं, जैसे – 'वन-टच', 'एसेंसिया', तथा 'एक्यूचेक', इत्यादि। इसके लिए यह महत्त्वपूर्ण है कि आप जो उत्पाद खरीदें उस पर दिए गए निर्देशों का ध्यान से पालन करें और अपने ग्लूकोमीटर का रख-रखाव सही तरीके से करें। याद रखिए एक तरीके की 'ग्लूकोस्टिक्स' उसी तरीके के 'ग्लूकोमीटर' के काम आ सकती है।

SMBG परीक्षण कब करें ?

आपका चिकित्सक आपको कितनी बार या कब-कब ब्लड शुगर की जाँच करनी चाहिए इसके बारे में बताएगा। विशेष समय पर किये गये परीक्षण उपयोगी होते हैं। आपका चिकित्सक नीचे लिखे आठ समयों में से विभिन्न समयों पर आपकी बीमारी के मुताबिक शुगर टेस्ट करने के बारे में कह सकता है –

1. नाश्ते के पूर्व
2. नाश्ते के दो घंटे के बाद
3. दिन के भोजन से पहले
4. दिन के भोजन के दो घंटे बाद
5. रात्रि भोजन के पूर्व
6. रात्रि भोजन के दो घंटे के बाद
7. सोने से पूर्व
8. रात के तीन बजे

जितनी अधिक बार आप परीक्षण करेंगे, आप उतना ही अधिक अपने ब्लड शुगर के स्तर के बारे में जान पाएंगे और उतनी ही अच्छी तरह शुगर को कंट्रोल रख सकेंगे लेकिन अपने डॉक्टर की सलाह के बिना एवं बिना किसी तकलीफ़ के ब्लड शुगर की जाँच बार-बार करने से मानसिक दुविधा पैदा हो सकती है।

6. मधुमेह का इलाज

जैसाकि हम जानते हैं कि मधुमेह रोग हमारे शरीर में इन्सुलिन नामक हार्मोन की कमी या अवरोधकता (Insulin Resistance) के कारण होता है। यह इन्सुलिन हमारे पेट के ऊपरी भाग में स्थित पैनक्रियास (अग्नाशय) अंग से स्रावित होता है। पैनक्रियास नामक अंग के तीन कोने होते हैं और मधुमेह के इलाज के भी तीन आधार-स्तम्भ होते हैं –

1. उचित खान-पान
2. नियमित व्यायाम
3. दवाईयाँ (शुगर की गोलियां या इन्सुलिन)।

आने वाले कुछ पृष्ठों पर हम इन सब पर विस्तार से चर्चा करेंगे।

7. मधुमेह रोग एवं व्यायाम

नियमित व्यायाम मधुमेह रोगी के लिए अत्यंत उपयोगी है। प्राचीनकालीन आयुर्वेदिक शास्त्र चरक संहिता में भी लिखा है कि मधुमेह में जो रोगी स्थूलकाय (मोटे) होते हैं, अगर वो विभिन्न प्रकार के खेल, जैसे कुश्ती, कबड्डी, दौड़ना, लंबी सैर, घुडसवारी, इत्यादि नियमित रूप से खेलें तो उनका मधुमेह नियंत्रण में रहता है।

व्यायाम के लाभ

व्यायाम से रक्त में शुगर की मात्रा कम होती है और इन्सुलिन का असर बढ़ जाता है। इस प्रकार शुगर की गोलियों और इन्सुलिन की मात्रा कम हो जाती है। व्यायाम से वज़न भी कम होता है जो कि मोटापे पर नियत्रंण के लिए आवश्यक है। व्यायाम से चर्बी कम हो जाती है, जैसे 'ट्रायग्लिसराइड्स' कम होते हैं और अच्छा कोलेस्ट्राल (HDL) बढ़ता है। इससे हृदय रोग से बचा जा सकता है। व्यायाम से रक्तचाप (B.P.) भी नियंत्रण में रहता है। व्यायाम से हड्डियाँ मजबूत होती हैं और शरीर से कमज़ोरी चली जाती है। नियमित व्यायाम मानसिक तनाव कम करने में भी सहायक सिद्ध होता है।

कुछ ज़रूरी बातें

1. व्यायाम शुरू करने से पहले अपने चिकित्सक से सलाह अवश्य लेनी चाहिए। वह आपको कुछ टेस्ट जैसे ई.सी.जी., टी.एम.टी, खून-पेशाब एवं आँखों की जाँच इत्यादि करवाने के लिए कह सकता है और आपके हृदय इत्यादि की स्थिति के अनुसार कितने और कैसे व्यायाम करने की ज़रूरी सलाह दे सकता है।
2. ब्लड शुगर बहुत अधिक अथवा बहुत कम होने पर व्यायाम नहीं करना चाहिए।
3. बहुत गर्म अथवा बहुत ठण्डे मौसम में भी व्यायाम नहीं करना चाहिए।

4. बरसात के दिनों में घर के अदंर हल्के व्यायाम किये जा सकते हैं।
5. व्यायाम के लिए कैनवास के आरामदायक या स्पोर्ट शूज़ का इस्तेमाल करना चाहिए।
6. मधुमेह रोगी को व्यायाम पर जाते समय मधुमेह पहचान-पत्र एवं मीठी गोली या शक्कर की छोटी थैली अपने पास रखनी चाहिए। हाइपो की स्थिति में रोगी का ध्यान रखने के लिए ये दोनों चीजें बहुत उपयोगी सिद्ध होती हैं।

व्यायाम का समय

व्यायाम किसी भी समय किया जा सकता है। गर्मी के दिनों में प्रातः या सायं एवं सर्दी के दिनों में दोपहर के समय हल्का जल-पान करने के बाद व्यायाम किया जा सकता है। बिल्कुल खाली पेट अथवा खाने के तुरंत बाद एक घण्टे तक व्यायाम नहीं करना चाहिए।

कितना व्यायाम करें?

मधुमेह के जिस रोगी को व्यायाम की आदत न हो उसे व्यायाम धीरे-धीरे एवं कम अवधि से शुरू करना चाहिए। शुरुआत 10 मिनट रोज़ाना, बिना रुके व्यायाम से की जा सकती है। उसके बाद हर सप्ताह 5 मिनट का समय बढ़ाते जाना चाहिए। जब तक कि आपका लक्ष्य (30-45 मिनट बिना रुके) नहीं प्राप्त हो जाता। व्यायाम की अवधि अपनी शारीरिक क्षमता एवं डॉक्टर की सलाह के अनुसार कम या ज़्यादा की जा सकती है। रोज़ाना अथवा हफ्ते में पांच दिन व्यायाम ज़रूर करें। शरीर पर अचानक ज़ोर न डालें एवं व्यायाम के शुरू में धीरे-धीरे रफ्तार बढ़ाएं एवं अंत में धीरे-धीरे व्यायाम की रफ्तार घटायें और फिर कुछ मिनट आराम करें।

कौन-सा व्यायाम करें?

मधुमेह रोगी के लिए एरोबिक्स सबसे बेहतर व्यायाम होते हैं। सबसे सरल व्यायाम है तेज चलना, वो भी इतना तेज चलना कि जिससे आपकी सांस फूलने लगे एवं पसीना आने लगे (आपकी शारीरिक क्षमता के मुताबिक)। इसके अलावा दौड़ना (jogging), साईकिल चलाना, तैराकी अथवा बैडमिंटन, टेनिस, बास्केटबॉल, या फुटबॉल/हॉकी खेलना भी उपयोगी विकल्प हो सकते हैं।

गर्भवती स्त्रियों में घूमना या चलना अथवा शरीर के ऊपरी भाग के व्यायाम स्वीकार्य हैं। जिन व्यक्तियों को जोड़ों में तकलीफ़ रहती है या अत्यंत बुजुर्ग व्यक्ति, शरीर के ऊपरी भाग के व्यायाम कर सकते हैं।

मधुमेह रोगी को (isometric) व्यायाम, जैसे भारोत्तोलन (weight lifting) एवं जोखिम वाले खेल, जैसे पर्वतारोहण इत्यादि में भाग नहीं लेना चाहिए।

इन्सुलिन लेने वाले मधुमेह रोगी को जिस अंग पर इंजेक्शन लगा है उसका अधिक इस्तेमाल नहीं करना चाहिए, जैसे जांघ पर यदि इंजेक्शन लगाया है तो

तेज दौड़ने जैसे व्यायाम नही करना चाहिए। इसके अलावा इन्सुलिन का असर जब सबसे अधिक होता है उस समय व्यायाम नहीं करना चाहिए। नहीं तो इन दोनों परिस्थितियों में रक्त शुगर की मात्रा एकदम कम हो सकती और संकट वाली स्थिति उत्पन्न हो सकती है।

मधुमेह रोग एवं यौगिक आसन

कहा जाता है कि योगासन करने वाला व्यक्ति कभी बीमार नहीं होता। प्राचीन शास्त्रों में भी विभिन्न प्रकार के यौगिक आसनों का उल्लेख किया गया है। निम्नलिखित योगासन करने से मधुमेह रोगी को अपनी शुगर नियंत्रित करने में सहायता मिल सकती है। जैसे – शवासन, धनुरासन, भुजंगासन, अर्ध-. मत्स्येन्द्रासन, अर्धनवासन, मत्स्यासन, हलासन, नौकासन एवं पश्चिमोत्तानासन, इत्यादि।

यौगिक आसनो की विभिन्न विधियां अपनाने से पहले अपने डॉक्टर की सलाह अवश्य लेनी चाहिए।

8. मधुमेह का योग से इलाज

अथर्ववेद के मुताबिक भारतीय चिकित्सा पद्धति 4000 वर्ष से भी अधिक पुरानी है।

स्वस्थ्या स्वस्थ्या रक्षनम्।
अथुरस्या व्याधि परिमोक्षनम्।। – चरक

अर्थात् प्राचीन भारतीय ऋषि एवं चिकित्सक 'चरक' के अनुसार भारतीय प्राचीन चिकित्सा पद्धति का लक्ष्य लोगों के स्वास्थ को ठीक रखते हुए उन्हें विभिन्न प्रकार की तकलीफों से दूर रखना है। प्राचीनतम् भारतीय चिकित्सकों को भी मधुमेह का ज्ञान था। उनके अनुसार भी मधुमेह दो प्रकार के लोगों में होती है, दुर्बल और मोटे व्यक्ति। मोटे मधुमेह रोगियों को उन्होंने भारी व्यायाम करने की सलाह दी थी। 'योग' (Yoga) का वर्णन प्राचीनतम् काल से है। विभिन्न प्राचीनतम ग्रन्थों में यौगिक आसनों का वर्णन, विभिन्न प्रकार के रोगों के इलाज में और स्वास्थ्य को ठीक रखने में दर्शाया गया है। यौगिक आसन आजकल आधुनिक विज्ञान के लिए एक अनुसंधान का विषय है। यौगिक आसन विभिन्न बीमारियों जैसे ब्लड प्रेशर, दमा, मोटापा, इत्यादि के अलावा मधुमेह रोग में भी बहुत लाभकारी सिद्ध होते हैं, इसीलिए सारे विश्व में लोग 'योग' को अपनाने लगे हैं, विभिन्न प्रकार की यौगिक क्रियाओं से हमारा शरीर स्वस्थ और संतुलित रहता है और मन शांत रहता है।

प्राचीन समय से ही मधुमेह के इलाज में योगासनों के महत्व को दर्शाया गया है। आज के परिपेक्ष्य में जब मधुमेह के नियंत्रण के लिए विभिन्न प्रकार की नई-नई दवाइयाँ बाज़ार में आ रही हैं, जिनके कई बार ख़तरनाक साइड इफेक्ट्स (side effects) भी हो सकते हैं, विभिन्न प्रकार की यौगिक क्रियाओं द्वारा मधुमेह पर नियंत्रण एक सरल, सगुण और सस्ता साधन लगता है। विभिन्न प्रकार की यौगिक क्रियाओं को नियमित अभ्यास द्वारा ही सीखा जा सकता है, यह एक दिन की बात नहीं होती है। शुरू में आपको कुछ कठिनाइयों का अनुभव हो सकता है, पर आप ज़रूरत पड़ने पर, किसी 'योग गुरु' या 'योग क्लासेज़' (classes) की भी सहायता ले सकते हैं। धीरे-धीरे अभ्यास के द्वारा योगासन एवं विभिन्न यौगिक क्रियाएँ आसानी से की जा सकती हैं। यौगिक व्यायाम करने से पूर्व इन बातों को समझ लें।

1. योगासन शुरू करने से पहले अपने डॉक्टर की सलाह अवश्य लें। क्योंकि वह आपको, आपके शरीर की बनावट तथा आपमें अन्य बिमारियों की उपस्थिति के मुताबिक कुछ खास यौगिक आसन करने या न करने की सलाह दे सकता है। अन्यथा योगासन करके आप किसी नयी मुसीबत में न फंस जाएं।
2. योगासन साधारणतया प्रातःकाल में मल-त्याग के बाद और भूखे पेट करना चाहिए। एक कप फीकी चाय तथा एक या दो 'मैरी' बिस्कुट लिये जा सकते हैं।
3. वस्त्र आरामदायक होने चाहिये, बहुत ढीले या बहुत 'टाइट' नहीं होने चाहिये।
4. योगाभ्यास घर के किसी शांत कोने, छत पर, बाग या पार्क में किया जा सकता है।
5. योगाभ्यास रोज़ाना 45 मिनट से 1 घंटे तक करना चाहिये और अंत में शवासन या मकरासन करना श्रेयस्कर होता है।
6. समतल ज़मीन पर चटाई या दरी बिछाकर योगाभ्यास करना उत्तम रहता है।

निम्नलिखित योगासन मधुमेह रोगियों के लिए उपयोगी हैं, एवं सरल हैं, जिन्हें अगर नियमित रूप से किया जाये, तो मधुमेह नियंत्रण में सहायता मिलती है –

1. धनुरासन – हाल ही में भारत में ही किए गए विभिन्न वैज्ञानिक अनुसंधानों से इस आसन को मधुमेह के नियंत्रण में सबसे अधिक असरदायक पाया गया है। यह शरीर की सभी ग्रंथियों को प्रभावित करता है और अग्नाशय ग्रंथि (पेन्क्रियास) की कार्यक्षमता को बढ़ाता है, जिससे मधुमेह नियंत्रण में आसानी होती है।

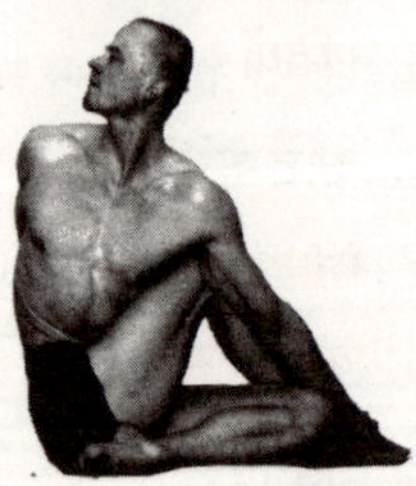

2. अर्धमत्स्येन्द्रासन – इस आसन के द्वारा पेट के सभी अंगों की (पेनक्रियास सहित) 'मसाज़' होती है और इससे मधुमेह रोग के नियंत्रण में बहुत अधिक मदद मिलती है।

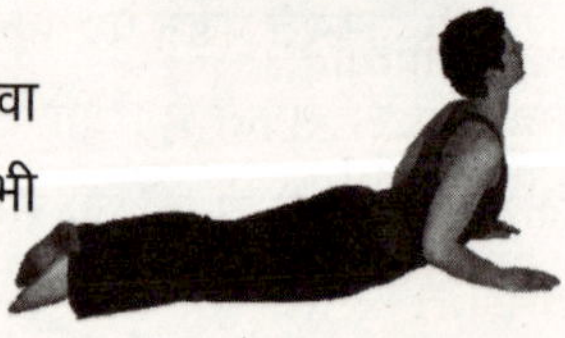

3. भुजंगासन – यह आसन डायबिटीज़ के अलावा कब्ज़ियत तथा रीढ़ की हड्डी के रोगों को भी ठीक करने में सहायक होता है।

4. **नौका आसन** – यह आसन मधुमेह के इलाज में बहुत लाभकारी सिद्ध हुआ है और आलस्य को भगाने में तथा थकावट दूर करने के लिए भी सहायक होता है।

5. **हलासन** – यह आसन मधुमेह रोगियों के लिए उपयोगी है। जिन व्यक्तियों को उच्च रक्तचाप, शियाटिका, हर्निया या स्लिप डिस्क की प्रोब्लम हो, उन्हें यह आसन नहीं करना चाहिए।

6. **वज्रासन** – इस आसन की उपयोगिता मधुमेह के अलावा पाचन-तंत्र, गैस तथा पेट की बिमारियों के लिए भी पाई गई है।

7. **मंडूकासन** – इस आसन से पेट के विभिन्न अंगों पर जोर पड़ता है और उनकी 'मसाज़' होती है। यह आसन भी मधुमेह रोगियों का शुगर कंट्रोल करने में सहायक सिद्ध हुआ है।

8. **प्राणायाम – अनुलोम/विलोम एवं कपालभाती** – यह दोनों प्राणायाम थोड़े से अभ्यास से आसानी से किये जा सकते हैं। इन दोनों प्राणायामों का मधुमेह तथा उच्च रक्तचाप पर बहुत अच्छा असर पड़ता है।

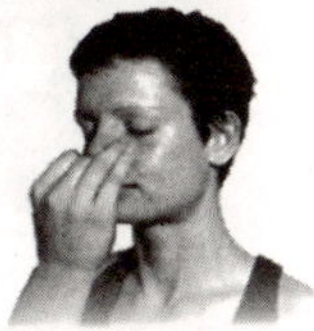

योगासनों के अन्य लाभ – योगासन से मन शुद्ध व शांत होता है, मन स्थिर होता है, नाड़ियों के तनाव से मुक्ति मिलती है और व्यक्ति का आत्मविश्वास बढ़ता है।

1. ब्लड शुगर कम हो जाता है।
2. 'ब्रिटल डायबिटीज़' (ऐसी डायबिटीज़ जिसमें सर्वोत्तम उपाय करने के बाद भी ब्लड शुगर नियंत्रण में नहीं रहती है) में ब्लड शुगर का नियंत्रण हो जाता है।
3. मधुमेह की दवाइयाँ घट जाती हैं।
4. जो व्यक्ति इन्सुलिन पर हैं, उनका 'डोज़' घट जाता है।
5. व्यक्ति का ब्लड प्रेशर कंट्रोल हो जाता है।
6. शरीर में कोलेस्ट्राल ठीक हो जाता है।

7. व्यक्ति का मोटापा कम हो जाता है।
8. मधुमेह से होने वाली दूरगामी परेशानियों (chronic complications) की संभावना कम हो जाती है।

योगाभ्यास और टाइप-1 मधुमेह

जिस प्रकार विभिन्न प्रकार की यौगिक क्रियाएँ टाइप-2 मधुमेह रोगियों में लाभकारी हैं, उसी प्रकार 'योग' टाइप-1 मधुमेह रोगियों में भी फायदेमंद होता है। जैसाकि हम जानते हैं टाइप-1 मधुमेह बच्चों में होती है, इसलिए बच्चों में किस प्रकार के 'योगासन' लाभकारी होंगे और किस प्रकार के 'योगासन' किये जा सकते हैं, इसके लिए आपको किसी 'योग गुरु' या 'योग टीचर' की सहायता लेनी पड़ सकती है। हाल ही में दक्षिण भारत में किए गए अनुसंधानों से यह सिद्ध हुआ है कि 'योग' से 'ब्रिटल डायबिटीज़' वाले बच्चों का शुगर नियंत्रण में आ सकता है। उनके इन्सुलिन का 'डोज़' कम हो सकता है एवं उनमें 'हाइपों के अटैक' कम हो जाते हैं। बच्चों में बार-बार होने वाले संक्रमण कम हो जाते हैं और दूरगामी परेशानियाँ भी कम हो जाती हैं।

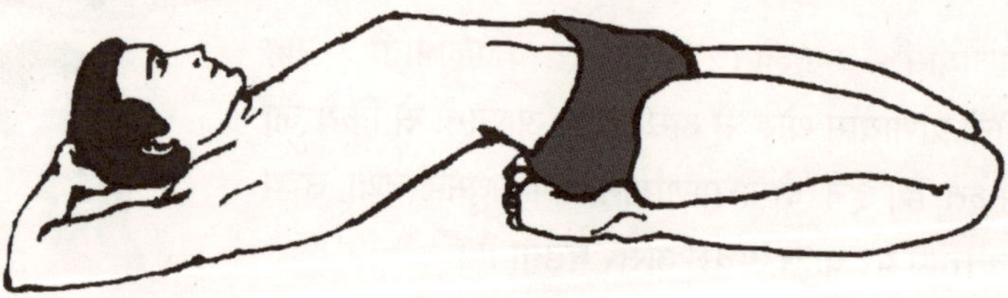

इस प्रकार हम देखते हैं कि अगर प्राचीन भारत की देन योग (yoga) को अगर सही और नियमित रूप से किया जाए, तो न केवल आध्यात्मिक और मानसिक शांति मिलती है, बल्कि विभिन्न प्रकार की ख़तरनाक बीमारियों, जैसे डायबिटीज़, ब्लड प्रेशर इत्यादि के नियंत्रण में भी सहायता मिलती है।

9. खान-पान से मधुमेह पर नियंत्रण

मधुमेह के कारण, लक्षण, परेशानियों एवं जाँच के बाद अब हम शुगर के नियंत्रण के बारे में बात करेंगे जो कि मुख्य तौर पर स्वस्थ खान-पान, नियमित व्यायाम एवं दवाइयों (इन्सुलिन अथवा गोलियों) से किया जाता है।

शुगर के मरीज़ के लिए खान-पान में परिवर्तन करना आवश्यक है। डायबिटीज़ के बहुत सारे रोगियों की शुगर कई वर्षों तक बिना दवाइयों के, मात्र संतुलित एवं पौष्टिक भोजन से नियंत्रण में रह सकती है। शरीर द्वारा ग्रहण किये गए भोजन के इस्तेमाल से उत्पन्न ऊर्जा के माप को कैलोरी में मापा जाता है। भोजन में ज़्यादा कैलोरी आपके शुगर कन्ट्रोल करने में बाधक सिद्ध हो सकती है। डायबिटीज़ के हरेक रोगी को अपनी व्यक्तिगत ज़रूरत के मुताबिक भोजन की योजना बनानी पड़ती है। शुगर को कंट्रोल में रखने के लिए ज़रूरी खान-पान की सलाह लेना आवश्यक है। इसके लिए आहार विशेषज्ञ (dietician) से सलाह ली जा सकती है।

यदि आपका वज़न सामान्य व्यक्ति से अधिक है तो आपके अग्नाशय (pancreas) द्वारा स्रावित होने वाली इन्सुलिन कम प्रभावी होती है इसे इन्सुलिन प्रतिरोधकता (insulin resistance) कहते है। संतुलित भोजन के द्वारा रोज़ाना ली जाने वाली कैलोरीज़ को कम लेने से मोटापे को कम किया जा सकता है जिससे इन्सुलिन प्रतिरोधकता से छुटकारा पाया जा सकता है। इसलिए मधुमेह पर नियत्रंण करने के लिए सही वज़न को प्राप्त करना और उसे उसी स्तर पर रखना आवश्यक होता है। मोटापा कम होने से उच्च रक्तचाप एवं दिल की बीमारियों इत्यादि से भी रोगी का बचाव हो जाता है। संतुलित एवं स्वस्थ खान-पान के लिए मधुमेह रोगी को नीचे लिखी हिदायतों का पालन करना चाहिए।

1. **कैलोरीज़ (ऊर्जा)** – 25 से 30 कैलोरीज़/किलोग्राम आदर्श शारीरिक वज़न के अनुसार। कम वज़न के रोगी को अधिक कैलोरीज़ वाले खाद्य पदार्थों का सेवन करना चाहिए और मोटे व्यक्ति का खाना ऐसा होना चाहिए जिससे पेट तो भर जाए परन्तु कैलोरीज़ कम हों एवं वज़न भी घट जाये।

2. **शाकाहारी एवं मांसाहारी भोजन** – शाकाहारी खाने में कोलेस्ट्रोल कम एवं फाइबर (रेशा) ज़्यादा होता है। फाइबर ग्लूकोज़ एवं कोलेस्ट्रोल का आंतों में अवशोषण कम कर देता है और कब्ज़ की शिकायत (जो कि मधुमेह रोगियों में आम होती है) को दूर कर देता है।

अनाज, दालें, फल, सब्जियों, सलाद, दलिया एवं मोटे-आटे की ब्रेड (Brown Bread) इत्यादि में फाइबर अधिक मात्रा में पाया जाता है। करेले का पानी, मेथी दाना, किरेना, नीम की पत्तियां, ग्वारगम (Guargum) इत्यादि आंतों में शुगर के अवशोषण को 10 प्रतिशत तक कम करके शुगर के नियंत्रण में सहायक सिद्ध हो सकते हैं। प्रोटीन के लिए शाकाहारी मधुमेह रोगी दूध, दही, दालें इत्यादि ले सकते हैं, पनीर का सेवन कम करना चाहिए।

मांसाहारी खाने में प्रोटीन एवं चर्बी अधिक होती है एवं फाइबर भी कम होता है। बकरे इत्यादि का मांस (cattle meat) एवं अंडे की जगह मुर्गा अथवा मछली का सेवन करना चाहिए।

3. **वसा** – मधुमेह रोगी को एक माह में करीब आधा किलो खाने के तेल (cooking oil) का सेवन करना चाहिए। इसमें भी मूंगफली या सरसों का तेल, सोयाबीन, सफोला, सूरजमुखी का तेल अथवा कार्न ऑयल का इस्तेमाल अधिक करना चाहिए और वनस्पति या देशी घी, क्रीम या मक्खन का इस्तेमाल कम करना चाहिए।

4. **कार्बोहाइड्रेट्स** – जटिल या complex कार्बोहाइड्रेट्स, जैसे गेहूँ, मक्का, ज़्वार, बाज़रा, दालें, फलियां, सब्ज़ियां एवं सलाद आदि का आहार अधिक करना चाहिए तथा साधारण अथवा परिष्कृत कार्बोहाइड्रेट्स जैसे शक्कर, शहद, गुड़, मीठी गोली, केक, पेस्ट्री इत्यादि का सेवन नहीं करना चाहिए।

5. **फल** – फलों से हमें विटामिन्स एवं फाइबर (रेशे) की प्राप्ति होती है। मधुमेह के रोगी रोज़ाना 150 से 200 ग्राम तक के ताज़े फलों का सेवन कर सकते हैं। अधिक मीठे फल, जैसे आम, केला, चीकू, अंगूर कम लेने चाहिए। फलों का जूस नहीं लेना चाहिए।

6. **नमक** – मधुमेह के उन रोगियों को कम मात्रा में नमक लेना चाहिए जिन्हें या तो उच्च रक्तचाप या हाइपरटेंशन हो अथवा दिल की या गुर्दे की बीमारी भी साथ में हो।

7. **मसालें** – मसालों से हमें स्वाद के अलावा एंटीऑक्सीडेंट, ट्रेसएलिमेंट्स तथा मिनरल्स मिलते हैं। मसालों का भी उचित मात्रा में मधुमेह रोगी को अपने आहार में मिश्रण करना चाहिए।

8. **बनावटी शक्कर (Artificial Sweetners)** – आजकल बहुत से लोग खाद्य-पदार्थों को मीठा करने के लिए बनावटी शक्कर का प्रयोग करते हैं। इसमें कई प्रकार की गोलियां या पाउडर आते हैं जिनका उपयोग मधुमेह रोगी मीठे पेय पदार्थ अथवा मीठे व्यंजन बनाने में कर सकता है। गर्भावस्था को छोड़कर 'एसपार्टेम' अथवा 'सैकरीन' नामक बनावटी शक्कर का उपयोग एक निश्चित मात्रा तक किया जा सकता है।

9. **अल्कोहल या शराब** – मधुमेह रोगी जो मोटे हैं एवं जिनमें वसा (ट्राईग्लिसराइड्स) का स्तर अधिक होता है, उन्हें शराब का प्रयोग नहीं करना चाहिए। कम मात्रा में व कभी-कभी 45 मिली तक अल्कोहल का प्रयोग किया जा सकता है। वाइन अथवा बीयर नहीं लेनी चाहिए। शराब पीने से मधुमेह रोगी में शुगर कंट्रोल करने में दिक्कत आती है।

10. **धूम्रपान** – किसी भी तौर पर तम्बाकू का सेवन नहीं करना चाहिए, जैसे तम्बाकू, पान, गुटखा, खैनी, सिगरेट, बीड़ी, इत्यादि मधुमेह रोगी के लिए निषेध है क्योंकि तम्बाकू का सेवन मधुमेह रोगी के शुगर नियत्रंण में बाधक सिद्ध होता है।

अंत में मधुमेह के मरीज़ को ऐसे खाने जिसमें सभी उपयोगी तत्त्व विद्यमान हों, जो शुगर को कंट्रोल करे और जिससे वज़न न बढ़े, जिसमें चर्बी कम हो और जो हृदय रोगों की रोकथाम करे, का इस्तेमाल करना चाहिए।

10. मधुमेही का शादी, पार्टी या रेस्तरां में खाना

मधुमेह रोगी को भी कभी-कभी शादी या पार्टी में जाना पड़ सकता है, या उसका मन भी कभी किसी रेस्तरां या होटल में खाने को हो सकता है। बदलते समय व जीवन-शैली में परिवर्तन के कारण आजकल 'बाहर' खाना एक 'फैशन' या कभी-कभी मज़बूरी बन जाता है। अगर आपको मधुमेह है, तो इसका मतलब यह नहीं है कि आप शादी-पार्टी या रेस्तरां-होटल में खाना नहीं खा सकते हैं। अगर आप कुछ बातों का ध्यान रखेंगे तो आप देखेंगे कि आप 'बाहर' खाने का स्वाद भी ले सकते हैं तथा आपका मधुमेह नियंत्रण भी नहीं गड़बड़ाएगा।

'बाहर' के या 'रेस्तरां' भोजन के समय व्यक्ति तनाव-मुक्त होता है, उसकी मनःस्थिति आरामदायक होती है और आस-पास के वातावरण एवं अच्छे साथियों की उपस्थिति, खाने की लालसा को जागृत करती है। बाहर का भोजन चिकनाई तथा मसालों इत्यादि के कारण अधिक स्वादिष्ट होता है और अधिक खाया जाता है। लेकिन इस भोजन में कैलोरीज़, तेल व नमक की अधिक मात्रा होती है एवं यह कम रेशेदार होता है। नीचे दिए गए सुझावों का आप पालन करेंगे तो आप बाहर के खाने का ज़्यादा आनंद ले सकते हैं और आपका मधुमेह का नियंत्रण भी नहीं गड़बड़ाएगा –

1. जो भोज्य पदार्थ आप खाना चाहते हैं, उसकी मुख्य सामग्री तथा उसकी बनाने की विधि के बारे में जान लें। (क) आंच पर सेंका या भाप से पकाया हुआ या भुने गए पदार्थ पसंद करें। (ख) तवे पर तले गए – ले सकते हैं (कम मात्रा में) (ग) तले हुए या गहरे तले हुए (deep fry) हुए – न लें।
2. 'भोजन विनिमय' तथा 'हाइग्लाइसीमिक इन्डैक्स' वाले भोज्य पदार्थों को याद रखें (देखें परिशिष्ट सं॰ 4 एवं 5)

3. अपनी शुगर की गोलियाँ या इन्सुलिन के इंज़ेक्शन साथ में लेकर जाएं। I.D.D.M. या टाइप-1 मधुमेह रोगियों के लिए 'इन्सुलिन पैन' साथ में ले जाना बहुत सुगम और सरल साधन है।

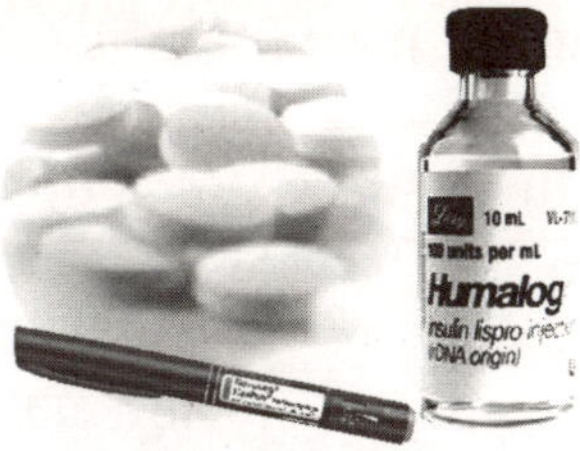

4. देरी के लिए तैयार रहें। अगर शादी में बारात देरी से आनी है तो गोलियाँ या इन्सुलिन इंज़ेक्शन लेकर पहले ही खाना खा लें और बारात का इंतजार न करें।

5. बाहर जाने पर रेस्तरां या होटल का चयन बहुत सावधानी से करें। स्वस्थ आहार प्रदान करने वाले रेस्तरां का चयन करें।

6. यात्रा के समय कई रेलगाड़ियों में तथा कई ऐयरलाइंस कम कैलोरीज़, कम चिकनाई एवं कम नमक वाला भोजन भी प्रदान करती हैं।

7. रेस्तरां में 'फूड मेन्यू' का अच्छी तरह अध्ययन करके कम कैलोरीज़ युक्त एवं कम चिकनाई वाले भोजन का आर्डर दें।

8. सलाद की ऊपरी सजावट व मसालों इत्यादि को अलग से लाने के लिए कहें। अधिक मसालों व सजावट (dressings) से बचें।

9. एक साथ बहुत ज़्यादा वस्तुओं का आर्डर न दें। ज़रूरत पड़ने पर दोबारा आर्डर दें।

10. अगर बहुत अधिक खाना परोसा गया है तो उसे साथियों के साथ बांट लें।

11. खाना बच जाने पर व्यर्थ में पूरा खाना न खाएं (over eating) उसकी जगह बचे हुए एवं अतिरिक्त भोजन को घर के लिए पैक करवा लें।

12. अल्कोहल या शराब का सेवन न करें। इससे 'हाइपो' या लो शुगर के लक्षण छुप जाते हैं एवं गंभीर 'हाइपोग्लाइसीमिया' की स्थिति भी उत्पन्न हो सकती है।

बाहर क्या खायें, क्या न खायें ?

भोज्य पदार्थ	क्या न खायें?	क्या खा सकते हैं।
नाश्ता	कचौड़ी, समोसा, छोले, भठूरे, पकौड़ा, बड़ा, बर्गर, पिज्ज़ा, सॉसेज़, पूड़ी, परांठा, कुलचा, वाईट ब्रेड, आलू चिप्स।	ब्राउन ब्रेड, बन, फ्रूट चाट, उपमा, पोहा, इडली, खमण-ढोकला, खांडवी।
सूप	क्रीम वाला सूप	सादा सूप, नमकीन सूप।
अनाज	पूड़ी, परांठा, घी वाली नान, कुल्चा, भठूरा, बिरयानी, वाइट ब्रेड।	सादी रोटी, तंदूरी रोटी, रुमाली रोटी, सादा नान, ब्राउन ब्रेड, बन, सादा चावल।
सब्ज़ियाँ	तली हुई या गहरी तली हुई (deep fry) सब्ज़ियाँ, मसालेदार सज़ावट वाला सलाद, तेल मसाले व घी वाली सब्जी, आलू चिप्स, सब्ज़ी के कोफ्ते।	उबली हुई सब्ज़ियाँ, कम मसालेदार सब्ज़ियाँ, भुनी हुई सब्जियाँ, ताज़ा हरा सलाद।
दूध व दूध से बनी चीज़ें	आईसक्रीम, मलाई वाले दूध से बना दही या दही-बड़ा, दही-पकौड़ी, बूंदी, मिल्क शेक।	सादा बिना मलाई का दूध (Tonned Milk), दही रायता (सब्जियों के साथ), पनीर।
मांसाहारी (Non-Veg.– मटन, मुर्गा, मच्छी	बटर चिकन, चिकन कोरमा, बकरे का मांस (Red Meat), चर्बी वाला गोश्त, गुर्दे, कपूरे, ज़िगर, मगज़ी, तली हुई मछली, मीट कोफ्ता।	तंदूरी चिकन, भाप से पका तंदूरी, तवे पर कम चिकनाई से सेंका गया चिकन या मछली।

11. मधुमेह एवं गोलियाँ (ओ.एच.ए. - O.H.A.)

मधुमेह पूरे जीवन तक साथ रहने वाली बीमारी है। अगर नियमित व्यायाम, खान-पान पर नियंत्रण तथा वज़न कम करने के बाद भी ब्लड शुगर कम नहीं होती है तो दवाइयों का सहारा लिया जाता है। आपका चिकित्सक आपकी जाँच करने के बाद ही यह निर्धारित करता है कि आपका इलाज गोलियों से होगा या इन्सुलिन से।

शुगर की गोलियाँ, ओ.एच.ए. या ओरल हाइपोग्लाइसीमिक एजेंट, ऐसी दवाइयाँ हैं जो मुँह से (गोलियों या कैप्सूल के रूप में) ली जाती हैं और जो ब्लड शुगर को कंट्रोल करने में मदद करती हैं। जिन मधुमेह टाइप-2 रोगियों में आहार तथा व्यायाम से ब्लड शुगर फास्टिंग का स्तर 200 मिग्रा से कम नहीं आ पाता है और जिन्हें मधुमेह के बहुत से लक्षण हों तो उन मरीज़ों में शुगर की गोलियाँ शुरू कर दी जाती हैं।

गोलियों (O.H.A.) की कार्य-शैली – हम जानते हैं कि टाइप-2 मधुमेह, शरीर में इन्सुलिन के असर-रहित होने से या उसके समाप्त होने से होता है। ओ.एच.ए., अग्नाशय या पैनक्रियास नामक अंग को अधिक इन्सुलिन बनाने के लिए प्रेरित करते हैं, इसीलिए ओ.एच.ए. उसी मधुमेह रोगी में कारगर होंगे जिनके पैनक्रियास में इन्सुलिन उत्पादन की क्षमता है। कुछ ओ.एच.ए. शरीर में उपस्थित इन्सुलिन को ज़्यादा असरदार करते हैं और कुछ पेट में कार्बोहाइड्रेट के अवशोषण को कम या धीमा कर देते हैं।

शुगर की गोलियाँ कब लेनी चाहिए –

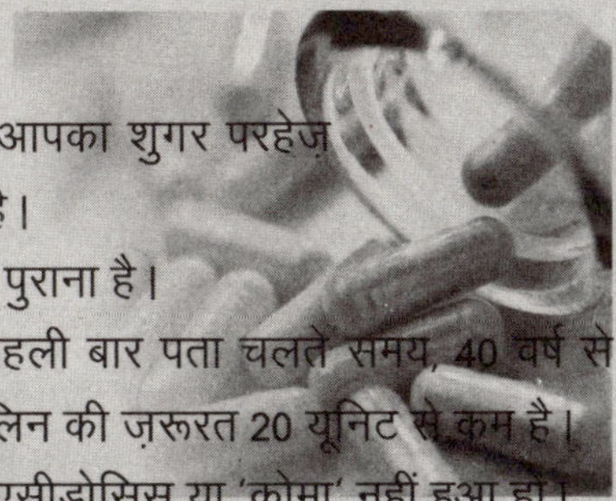

1. अगर आप टाइप-.2 मधुमेही हैं और आपका शुगर परहेज़ एवं व्यायाम से नियंत्रित नहीं हो रहा है।
2. अगर आपका मधुमेह 10 साल से कम पुराना है।
3. अगर आपकी उम्र, डायबिटीज़ का पहली बार पता चलते समय, 40 वर्ष से अधिक है और आपके शरीर को इन्सुलिन की ज़रूरत 20 यूनिट से कम है।
4. आपको पहले कभी डायबिटिक कीटोएसीडोसिस या 'कोमा' नहीं हुआ हो।

शुगर की गोलियाँ कब नहीं लेनी चाहिए –

1. गर्भावस्था में।
2. किसी बड़ी शल्य-क्रिया के समय या जिनको टी.बी. या अन्य गंभीर संक्रामक रोग हो।

   इन परिस्थितियों में शरीर की इन्सुलिन की आवश्यकता बढ़ जाती है तथा गोलियाँ (O.H.A.) पर्याप्त नहीं होती हैं और डॉक्टर इस प्रकार की परिस्थितियों में इन्सुलिन चिकित्सा की सलाह देते हैं।
3. टाइप-1 मधुमेह रोगियों में ओ.एच.ए. कार्य नहीं करते हैं क्योंकि इन रोगियों के अग्नाशय (पैनक्रियास) में इन्सुलिन का उत्पादन नहीं होता है, इसीलिए चाहे जितनी शुगर की गोलियां ली जाएँ, इन रोगियों का शुगर नियंत्रण में नहीं आ सकता।

शुगर की गोलियों (ओ.एच.ए.) के प्रकार – विभिन्न प्रकार की शुगर की गोलियों को उनकी कार्य-शैली के मुताबिक विभिन्न समूहों में बांटा गया है। जैसे –

1. **'सल्फोनाइलयूरिया'** – ये दवाईयाँ पैनक्रियास को अधिक इन्सुलिन बनाने के लिए प्रेरित करती हैं, जैसे – डायोनिल, यूग्लूकोन – 5 mg, सेमीडायोनिल (सेमीयूग्लूकोन) – 2.5 mg, डाइमाइक्रोन, ग्लाइजिड – 80 mg, ग्लाइनेज – 5 mg, 10 mg, ग्लिमर, ऐमेरिल, यूग्लिम – 1, 2, 3, 4 mg।
2. **'बाइगूनाइड्स'** – टाइप-2 मधुमेह रोगी जो कि अधिकतर मोटे होते हैं, उनमें यह दवाईयाँ लाभप्रद होती हैं। ये दवाईयाँ शरीर में इन्सुलिन अवरोधकता (resistance) को कम करती हैं। जिन व्यक्तियों में ज़िगर या गुर्दे की ख़राबी होती है, उन्हें ये दवाइयाँ सावधानी से देनी चाहिए या नहीं देनी चाहिए। जैसे – ग्लाइसिफेज़, ग्लूकोमेट, ओबीमेट-500 mg, 1 gm।
3. **'मेग्लीटिनाइड्स'** – ये दवाईयाँ भी पैनक्रियास को अधिक इन्सुलिन बनाने के लिए प्रेरित करती हैं, जैसे – ग्लाइनेट, एन.डी.एस., नोवोनोर्म, यूरेपा।
4. **'ग्लीटाजोन्स'** – ये नई प्रकार की ओ.एच.ए. हैं जो कि इन्सुलिन की प्रतिरोधकता (resistance) को कम करके उसे ज़्यादा असरदार बनाती है। जैसे पायोज, पायोग्लू, पीपार, पायोग्लार – 15 mg, 30 mg एवं रोसिकोन, एनसेलिन, वींडिया – 1, 2, 4 mg।

5. **'ग्लूकोसिडेस इन्हीबिटर'** – ये दवाइयाँ कार्बोहाइड्रेट के अवशोषण को पेट में ही धीमा या कम कर देती हैं और अधिकतर 'पी.पी.' शुगर के नियंत्रण में काम आती हैं। जैसे – ग्लूकोबे, रिबोस – 25 mg, 50 mg।

शुगर की गोलियाँ (O.H.As) लेने का समय – अधिकतर शुगर की गोलियाँ जैसे डायोनिल, डायमाइक्रोन, ग्लाइजिड, ऐमेरिल, ग्लाइनेट, एनसेलिन इत्यादि नाश्ते तथा खाने के आधा घंटा पहले लेनी चाहिए। बाइगूनाइड्स, जैसे ग्लाइसीफेज़, ग्लूकोमेट, ओबीमेट इत्यादि को खाने के बाद लेने से ठीक रहता है। ग्लूकोसिडेस इन्हीबिटर, जैसे ग्लूकोबे इत्यादि को खाने के पहले कौर (गस्से) के साथ लेना चाहिए।

शुगर की गोलियों (O.H.A.) के मिश्रण (Combinations) – आजकल भारत में तथा अन्य देशों में शुगर की गोलियों के विभिन्न प्रकार के मिश्रण (combinations) मिलते हैं, इन combinations को लेने से शुगर की गोलियों की संख्या कम हो जाती है और ये ज़्यादा असरदार हो जाती हैं।

1. दो दवाइयों के Combinations – जैसे – ग्लाइजिड एम., जी.एल.जेड. प्लस, ग्लूकोरेड प्लस, विंडामेट, जेमर, ग्लाइसेन एम.एफ., यूग्लिम एम., पायोज एम.एफ.जी., डायपराइड तथा मोपाडे, इत्यादि।
2. तीन दवाइयों के Combinations – जैसे – ट्राइप्राइड, ट्रायोपिल, आर.जी. एम., ट्राइग्लूकोरेड प्लस, यू.ग्लिम एम.पी. तथा पायोज एम.एफ.जी., इत्यादि।

शुगर की गोलियाँ एवं शराब – शुगर के मरीज़ को जहां तक हो सके शराब का सेवन नहीं करना चाहिए क्योंकि शराब से केवल कैलोरीज़ ही मिलती हैं, जिनका कोई पौष्टिक मूल्य नहीं होता। मधुमेही को कभी भी शराब के साथ गोलियाँ (O.H.A.) नहीं लेनी चाहिए। खासकर बायगूनाइड्स (जैसे ग्लाइसिफेज़, ओबीमेट, इत्यादि) क्योंकि इससे रोगी में 'हाइपो' (लो शुगर) होने की ज़्यादा संभावना होती है।

शुगर की गोलियाँ : कुछ भ्रांतियाँ

1. **गोलियाँ ले रहे मधुमेही को हल्का मधुमेह है** – हल्के मधुमेह जैसी कोई चीज नहीं होती है। मधुमेह एक ज़िंदगी भर चलने

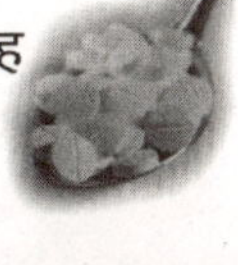

वाली गंभीर बीमारी है, जिसके संदर्भ में कभी लापरवाही नहीं बरतनी चाहिए, नहीं तो इससे होने वाली दीर्घकालीन समस्याएं जीवन को नरक बना सकती हैं। अगर आप मधुमेह के लिए गोलियाँ ले रहे हैं तो इसका मतलब यह कदापि न समझें कि आपकी बीमारी उतनी गंभीर नहीं है।

2. **सब शुगर की गोलियाँ एक जैसी होती हैं** – जैसाकि ऊपर बताया जा चुका है कि शुगर की गोलियां विभिन्न प्रकार की और विभिन्न शक्तियों (strength) की होती हैं। किसी और व्यक्ति की गोली बिना डॉक्टरी सलाह के लेने से आपकी शुगर एकदम कम भी हो सकती है और एकदम बढ़ भी सकती है। मैंने अक्सर देखा है कि मधुमेही स्त्रियां खासकर पत्नियाँ अपनी दवाईयाँ ख़त्म होने पर अपने पति की 'शुगर की गोलियाँ' ले लेती हैं जिससे उनका शुगर एकदम अनियंत्रित हो जाता है और उन्हें विभिन्न प्रकार की कठिनाइयों का सामना करना पड़ता है। इसलिए ऐसा कभी न करें।

3. **मेरे दोस्त या सहेली की तरह मेरी शुगर भी आधी गोली से कंट्रोल हो सकती है** – जिस तरह एक हाथ की पाँचों अंगुलियाँ अलग-अलग लंबाई की होती हैं, उसी प्रकार हर मधुमेह रोगी की बीमारी अलग-अलग प्रकार की होती है, किसी को ज़्यादा ताकत की गोली देनी पड़ सकती है और किसी को कम। हर रोगी को उसका चिकित्सक मरीज़ के वज़न और कार्य-शैली इत्यादि को देखकर दवाई देता है, जो उसके लिए ही उपयोगी होती है। किसी अन्य की दवाई लेने से आपकी शुगर एकदम कम या ज़्यादा हो सकती है।

4. **मैं शराब के साथ शुगर की गोली ले सकता हूँ** – ऐसा कभी नहीं करिएगा। जैसाकि ऊपर बताया गया है कि शुगर की गोलियाँ खासकर बायगूनाइड्स, (ग्लाइसिफेज़, ओबीमेट, इत्यादि) शराब के साथ लेने से आपकी शुगर एकदम कम हो सकती हैं। अगर आप रात को नशे की हालत में सोये पड़े हैं और आपकी शुगर एकदम कम हो जाती है, तो यह स्थिति जानलेवा हो सकती है क्योंकि नशे की हालत में और नींद में, शुगर के कम होने के लक्षणों का पता ही नहीं चलेगा और नींद में ही आपकी मृत्यु हो सकती है।

5. **एक बार मेरा डॉक्टर मेरे शुगर की गोली 'सेट' कर देगा तो मुझे ज़िंदगी भर उतनी ही और उसी तरह की गोली लेनी है** – मेरे बहुत से मरीज़ एक या दो साल के बाद आते हैं और बोलते हैं कि डॉक्टर साहब गोलियां या इन्सुलिन का 'डोज़' आपके कहे मुताबिक ही ले रहे हैं, लेकिन अब हमारी शुगर 300 या 400 मिग्रा रहती है। असल में जैसे-जैसे मधुमेह रोग पुराना होता जाता है, गोलियों का असर कम होता जाता है। अतः आपका चिकित्सक गोलियों की मात्रा तथा किस्म को ज़रूरत के मुताबिक बदलता रहता है। इसीलिए एक ही प्रकार की गोली हमेशा नहीं लेते रहनी चाहिए।

6. **एक बार मेरी शुगर कंट्रोल होने पर मैं दवाइयां बंद कर सकता हूँ** – मधुमेह कोई आम खांसी, जुकाम नहीं है, जिसकी दवाइयाँ कुछ दिन लेने के बाद बंद कर दी जाती हैं। मधुमेह एक जीवनपर्यन्त चलने वाली बीमारी है, जिसकी दवाइयाँ ज़िंदगी भर लेनी पड़ती है, बल्कि जैसे-जैसे मधुमेह रोग पुराना होता जाता है, गोलियों या इन्सुलिन के टीकों की संख्या बढ़ती जाती है। अगर शुगर 'कंट्रोल' होने के बाद आप दवाइयाँ लेना बंद कर देंगे तो कुछ ही दिनों में आपकी शुगर दोबारा बढ़ जाएगी।

7. **मधुमेही गर्भवती स्त्रियों को शुगर की गोलियां लेनी चाहिए** – मधुमेही स्त्रियों को गर्भ धारण से पहले और गर्भवती होने के बाद अपने शुगर की गोलियां बंद करके अपने चिकित्सक की सलाह के मुताबिक इन्सुलिन के इंजेक्शन शुरू कर देने चाहिए, अन्यथा गर्भवती स्त्री को गर्भावस्था के दौरान तथा प्रसव के समय कठिनाइयों का सामना करना पड़ सकता है, बच्चे की गर्भ में ही मृत्यु हो सकती है और बच्चा विकृत भी पैदा हो सकता है।

8. **मैंने आज भोजन अधिक किया है या अधिक मीठा खाया है इसीलिए एक या दो गोलियां ज़्यादा ले लेता हूँ या मेरी एक 'डोज़' मिस हो गयी है तो बाद में एक साथ दो गोलियां ले लूंगा** – ऐसा हरगिज़ न करें क्योंकि इन दोनों परिस्थितियों में आपकी शुगर एकदम कम हो सकती है और आप हाइपोग्लाइसीमियां में जाकर मुसीबत में फंस सकते हैं।

12. देशी दवाएँ और मधुमेह - कुछ देशी नुस्खे

जैसाकि मैंने पहले भी लिखा है भारतीय चिकित्सा-शास्त्र में आज से 4000 वर्ष पहले भी मधुमेह का वर्णन है और ऋषि-मुनियों ने इसके इलाज के लिए विभिन्न जड़ी-बूटियों का प्रयोग भी किया था। आजकल भी बाज़ार में विभिन्न प्रकार की देशी दवाएँ उपलब्ध हैं जिनके बारे में ज्ञान आधा-अधूरा रहता है। नीचे लिखी कुछ जड़ी-बूटियाँ जिनमें से कुछ खाद्य-पदार्थ भी हैं, मधुमेह के इलाज में सहायक पायी गयी हैं।

1. **करेला** – इस सब्जी के फल तथा बीजों में एक ऐसा रसायन पाया जाता है जो कि इन्सुलिन की तरह ब्लड शुगर को कम करता है, इसलिए इसे 'प्लांट इन्सुलिन' भी कहते हैं। इसका असर सेवन करने के आधे घंटे में शुरू हो जाता है।

2. नीम – नीम की पत्तियों के रस का असर इन्सुलिन जैसा पाया गया है। यह हमारे शरीर में ग्लूकोज़ के उपयोग को बढ़ाता है और आँतों में ग्लूकोज़ के अवशोषण को कम करता है।

3. मेथी – मेथी के बीजों में 'फाइबर' की मात्रा बहुत ज़्यादा होती है। ये आँतों में अवशोषण को धीमा और कम कर देती हैं, जिससे मधुमेह रोगी में पी.पी. शुगर नियंत्रण करने में सहायता मिलती है।

4. गुड़मार – गुड़मार के पत्तों पर किये गये अनुसंधानों से बहुत चौकाने वाले तथ्य सामने आये हैं, पत्तों से निकले सत् को लेने से हमारे शरीर में इन्सुलिन बनाने वाली कोशिकाएँ (बीटा सेल) नए सिरे से बनने लगती हैं और शरीर में अधिक इन्सुलिन बनने के कारण मधुमेह के नियंत्रण में सहायता मिलती है। गुड़मार आँतों से ग्लूकोज़ के अवशोषण को भी कम करता है।

5. विजयसार – विजयसार भी गुड़मार की तरह शरीर में बीटा सेल्स अर्थात् इन्सुलिन बनाने वाली कोशिकाओं की संख्या को बढ़ाता है और मधुमेह के नियंत्रण में सहायक होता है।

6. जामुन – इस वृक्ष के पत्ते तथा गुठलियाँ भी शरीर में ग्लूकोज़ नियंत्रण मे सहायक सिद्व होते हैं।

आजकल बाज़ार में ऊपर लिखी जड़ी-बूटियों के अलावा कुछ और देशी जड़ी-बूटियों के मिश्रण विभिन्न देशी दवाओं, जैसे एमरी प्लस, मधु शून्य, मधुहारी इत्यादि के नाम से मिलती हैं जो कुछ हद तक मधुमेह के नियंत्रण में सहायक होती हैं लेकिन एक बात मैं कहना चाहूँगा कि इन देशी दवाओं का असर मधुमेह रोग की प्रारम्भिक अवस्था में होता है और ये 10 प्रतिशत तक ही शुगर नियंत्रण में सहायक सिद्ध होती हैं। याद रखिए इन दवाओं के लेते वक्त भी आपको अपने मधुमेह की नियमित जाँच करते रहना चाहिए और ब्लड शुगर के बढ़ने पर अपने डॉक्टर के कहने के मुताबिक OHAs (ऐलोपैथी) दवाइयाँ ले लेनी चाहिए।

एक और महत्त्वपूर्ण बात मैं कहना चाहूँगा कि बाज़ार में आये दिन आप विभिन्न प्रकार के विज्ञापन, न्यूज़पेपर, दूरदर्शन, रेडियो आदि पर सुनते व देखते रहते होंगे जो कि मधुमेह रोग को जड़ से समाप्त करने का दावा करते हैं, वे सब मिथ्या होते हैं और उनसे बचकर रहें। पूरी दुनिया के चिकित्साविद् मधुमेह रोग को जड़ से ख़त्म करने वाली दवाई की खोज में लगे हैं लेकिन यकीन मानिए अभी तक ऐसी कोई चमत्कारिक दवाई इस दुनिया में नहीं आयी है जो इस मधुमेह रोग को हमेशा के लिए समाप्त कर दे। याद रखिए मधुमेह रोग पर नियंत्रण (कंट्रोल) किया जा सकता है लेकिन इस रोग को हमेशा के लिए ख़त्म नहीं किया जा सकता।

मधुमेह – कुछ देशी नुस्खे – नीचे मैं कुछ देशी नुस्खों का वर्णन कर रहा हूँ जो कि प्राचीन काल से हमारे ऋषि-मुनियों के द्वारा मधुमेह के नियंत्रण के लिए वर्णित हैं –

1. रात के वक्त 25 से 30 ग्राम मेथी के दानों को एक कप पानी में भिगोकर रख दें। सवेरे उस पानी को पी जाएँ और बीज खा लें। इसी प्रकार सवेरे से भिगोकर रखवाए मेथी दानों को शाम को लिया जा सकता है। इससे पी.पी. ब्लड शुगर के कंट्रोल में सहायता मिलती है और जिन मधुमेह रोगियों में शरीर के दर्द अथवा जोड़ों के दर्द होते हैं, उन्हें भी आराम मिलता है।
2. प्रातःकाल आधा लौकी, एक खीरा, एक करेला, एक टमाटर और कुछ पोदीने के पत्तों को कद्दूकस करके अगर उनका जूस पिया जाए तो कुछ हद तक मधुमेह को नियंत्रण में किया जा सकता है।
3. जामुन की गुठलियों को सुखाकर उनको पीसकर अगर दो चम्मच सवेरे-शाम, पानी के साथ लिया जाए तो मधुमेह नियंत्रण में सहायता मिल सकती है।

13. इन्सुलिन चिकित्सा

इन्सुलिन क्या है?

इन्सुलिन एक हार्मोन है जो कि 'पैनक्रियास' (Pancreas) या अग्नाशय नामक अंग द्वारा बनाया जाता है। पैनक्रियास पेट के ऊपरी भाग में आमाशय (stomach) के पीछे स्थित होता है। जैसाकि पहले मैं बता चुका हूँ कि रक्त शुगर का कोशिका में प्रवेश ज़रूरी है जिससे कि उसका उपयोग उर्जा पैदा करने के लिए किया जा सके। इन्सुलिन की तुलना हम एक चाबी से कर सकते हैं, जो कि कोशिका या सेल (cell) के ताले (insulin receptor) को खोलती है, जिससे रक्त में उपस्थित शर्करा (शुगर) उसमें प्रवेश करके ऊर्जा का उत्पादन करती है। जब किन्हीं कारणों से इन्सुलिन की कमी हो जाए या इन्सुलिन असरदायक न रहे, (insulin resistance – इन्सुलिन प्रतिरोधकता) उस स्थिति में रक्त में उपस्थित शुगर कोशिका में प्रवेश नहीं कर पाती है और रक्त शुगर का स्तर बढ़ने लगता है, और व्यक्ति को मधुमेह रोग हो जाता है।

इन्सुलिन का विकास तथा उत्पादन – सन् 1921 से पहले मधुमेह के अधिकांश रोगी असमय मृत्यु के ग्रास बना करते थे, लेकिन इसी वर्ष अमेरिका के दो वैज्ञानिकों 'फ्रैडरिक बेन्टिंग' और 'चार्ल्स बेस्ट' ने इन्सुलिन का आविष्कार कर पूरी दुनिया में तहलका मचा दिया और मधुमेह के इलाज में क्रांतिकारी परिवर्तन किया। कई वर्षों तक इन्सुलिन पशुओं (bovine) तथा सुअरों (porcine) के पैनक्रियास से निकाला जाता था, लेकिन विज्ञान के चहुंमुखी विकास से अब हम मानवीय इन्सुलिन (human insulin) बनाने में सक्षम हो गये हैं। वैसे मानवीय इन्सुलिन का परिचय 80 के दशक में प्रारंभ हुआ। आजकल ह्यूमन इन्सुलिन दुनिया में उपलब्ध सबसे उत्तम इन्सुलिन है जिसकी संरचना हमारे शरीर में बनने वाली

इन्सुलिन से बहुत कुछ मिलती है। विभिन्न आधुनिक विधियों के द्वारा ह्यूमन इन्सुलिन का निर्माण यीस्ट (ब्रेड बनाने में उपयोग किए जाने वाले) बैक्टीरिया या सूअर से निकाली गई इन्सुलिन को परिवर्धित करके किया जाता है।

इन्सुलिन के प्रकार

इन्सुलिन तीन प्रकार की होती है –

1. सामान्य अथवा conventional
2. शुद्ध अथवा purified
3. ह्यूमन इन्सुलिन (human insulin)

1. **'सामान्य इन्सुलिन' अथवा conventional insulin** – सबसे पुराने प्रकार की इन्सुलिन है जो कि अगर गाय के पैनक्रियास से प्राप्त होती है तो उसे हम 'बोवाइन (bovine) इन्सुलिन' कहते हैं और जो इन्सुलिन सूअर के पैनक्रियास से प्राप्त होती है, उसे 'पोरकाइन (porcine) इन्सुलिन' कहते हैं। इस तरह की इन्सुलिन अशुद्ध होती है, जिस कारण से इस इन्सुलिन द्वारा 'रिएक्शन' होने की संभावना सबसे ज़्यादा होती है, यह असरदायक भी कम होती है। यह सबसे सस्ती प्रकार की इन्सुलिन है, जिसका उपयोग गरीब व्यक्तियों में किया जाता है।
2. **'शुद्ध इन्सुलिन' अथवा purified insulin** – जैसाकि नाम से ही विदित है, यह इन्सुलिन बोवाइन या पोरकाइन इन्सुलिन को शुद्ध करके प्राप्त होती है। इसमें अशुद्धियाँ कम होने के कारण 'रिएक्शन' होने की संभावना कम होती है, पर यह इन्सुलिन conventional insulin के मुकाबले महंगी होती है।
3. **'ह्यूमन इन्सुलिन' (Human Insulin)** – जैसाकि पहले बताया गया है, यह इन्सुलिन दुनिया में मौजूद सर्वोत्तम इन्सुलिन है क्योंकि इसकी संरचना हमारे शरीर में मिलने वाली 'नैचुरल' इन्सुलिन से बहुत कुछ मिलती- जुलती है। यह सबसे शुद्ध प्रकार की इन्सुलिन है जिसमें 'रिएक्शन' होने की संभावना नहीं के बराबर होती है। यह बाज़ार में उपलब्ध सबसे मंहगी इन्सुलिन होती है, लेकिन सबसे अधिक असरदायक होती है।

असर या सक्रियता के हिसाब से हम इन्सुलिन को तीन प्रकार से विभाजित कर सकते हैं –

1. **तुरंत असर करने वाली इन्सुलिन (Short Acting Insulin) –** इसे 'प्लेन' (plain) इन्सुलिन भी कहते हैं। यह पारदर्शी घोल के रूप में होती है। यह तेजी से असर करती है और उसकी क्रिया अवधि सबसे कम होती है। उदाहरण – प्लेन इन्सुलिन – बोवाइन या पोरकाइन, एक्ट्रापिड, ह्यूम इन्सुलिन – R, इंस्युमान रेपिड, इन्सुलिन लिस्प्रो।
2. **मध्यम गति से असर करने वाली इन्सुलिन (Intermediate Acting Insulin) –** इसमें कुछ पदार्थों (chemicals) का समावेश होता है, जो इसके अवशोषण को धीमा करता है। इस प्रकार की इन्सुलिन का घोल दूधिया होता है। उदाहरण – मोनाटार्ड, ह्यूमन मोनाटार्ड, एन.पी.एच. इन्सुलिन, ह्यूमन इन्सुलिन-N, आईलेटिन-N, लैंटे इन्सुलिन।
3. **लम्बी अवधि तक असर करने वाली इन्सुलिन (Long Acting Insulin) –** इस प्रकार की इन्सुलिन का असर 24 घंटों से भी अधिक रहता है और इनका घोल भी दूधिया होता है। उदाहरण – अल्ट्रालैंटे, आईलेटिन, लैंट्स इन्सुलिन, लेवेमिर इन्सुलिन।
4. **पूर्व मिश्रित इन्सुलिन (Pre-Mixed Insulin) –** आजकल इस प्रकार की इन्सुलिन का प्रचलन बहुत बढ़ गया है। यह तेज़ी से असर करने वाली (short acting) तथा मध्यम गति से सक्रिय होने वाली (medium acting) इन्सुलिन का तैयार मिश्रण होता है। उदाहरण – मिक्सटार्ड, ह्यूमन मिक्सटार्ड, ह्यूमन इन्सुलिन-30/70 अर्थात् 30 : जल्दी असर करने वाली तथा 70 : मध्यम गति से सक्रिय होने वाली इन्सुलिन, 25/75, 50/50 इत्यादि।

इन्सुलिन पहचान के रंग कोड

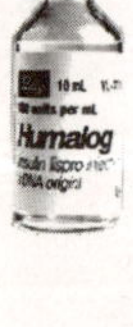

इन्सुलिन बनाने वाली कंपनियों जैसे नोवोनोर्डिस्क, लिलि इत्यादि ने विभिन्न प्रकार की इन्सुलिन को रंग कोड दिये है, जिससे रोगियों की सुरक्षा सुनिश्चित की जा सके और उलझनों से बचा जा सके। शीशी के

ढक्कन का रंग, उस पर लगाये जाने वाले लेबल तथा उसके बॉक्स पर लगाये जाने वाले फीते का रंग एक समान होता है।

एक्ट्रापिड / ह्यूमन एक्ट्रापिड – पीला रंग
ह्यूमन इन्सुलटार्ड – हरा रंग
ह्यूमन मिक्सटार्ड (30 / 70) – भूरा रंग
ह्यूमन मोनोटार्ड, लेन्टार्ड – नीला रंग

इसी प्रकार अन्य इन्सुलिन को उनके रंग कोड दिये गये हैं।

इन्सुलिन किन रूपों में उपलब्ध है ?

इन्सुलिन दो रूपों में उपलब्ध है –

1. इन्सुलिन वायल (Insulin Vial)
2. इन्सुलिन पैनफिल या इन्सुलिन कार्ट्रिज़ (Insulin Penfil or Cartridge)

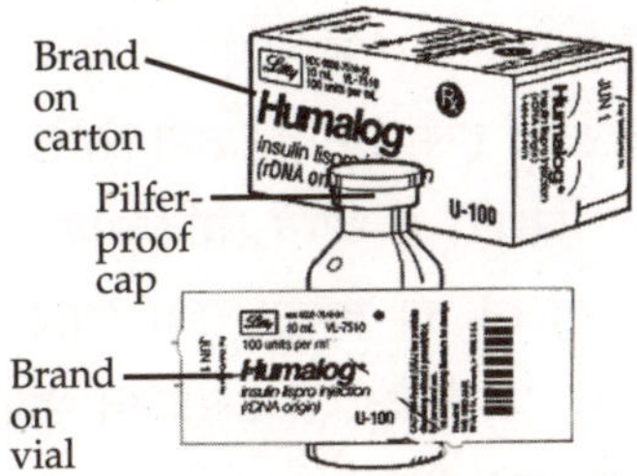

1. **इन्सुलिन वायल (Insulin Vial) –** इन्सुलिन सिरिंज़ों में उपयोग हेतु। दो तरीके की वायल्स (शीशियाँ) होती हैं। U-40 (40 I.U./ml) अर्थात् जिसमें एक एम.एल. (m.l.) घोल में इन्सुलिन के 40 units (इन्सुलिन को नापने की इकाई) होते हैं तथा U-100 (100 I.U./ml) अर्थात् जिसमें एक m.l. घोल में इन्सुलिन के 100 units होते हैं। U-100 तरह की इन्सुलिन, U-40 इन्सुलिन के मुकाबले 2.5 गुना अधिक सांद्र (concentrated) होती है। जब एक ही बार में इन्सुलिन इंज़ेक्शन की आवश्यकता 40 यूनिट से अधिक होती है तो U-100 इन्सुलिन का उपयोग किया जाता है। अगर आपको 40 आई.यू. के स्थान पर 100 आई.यू. इन्सुलिन लेना है तो अपने चिकित्सक से उसकी मात्रा नापने के बारे में जान लें।

2. **इन्सुलिन पैनफिल या इन्सुलिन कार्ट्रिज़ (Insulin Penfil or Cartridge) –** यह कार्ट्रिज़ (इन्सुलिन कारतूस) इन्सुलिन पैन में लगाने के लिए होते है। प्रत्येक इन्सुलिन वायल में 10 एम.एल. (m.l.) इन्सुलिन होती है, जबकि पैनफिल कार्ट्रिज़ में 3 एम.एल. (m.l.) इन्सुलिन होती है।

इन्सुलिन इंज़ेक्शन को वायल से भरना (देखिए – परिशिष्ट 6 : इन्सुलिन सिरिंज़ भरने की विधि, पृष्ठ सं. 149)

हमेशा ध्यान रखें –

यदि आप 40 I.U. की इन्सुलिन (U-40) ले रहे हैं तो 40 I.U. सिरिंज़ का उपयोग करें और अगर आप 100 I.U. की इन्सुलिन (U-100) ले रहे हैं तो 100 I.U. सिरिंज़ का उपयोग करें। इन्सुलिन लगाने वाले मरीज़ों को उनके द्वारा प्रयोग किए जाने वाली इन्सुलिन की मात्रा के बारे में सतर्क रहना चाहिए। 100 I.U. वाली वायल में 40 I.U. वाली वायल के अपेक्षा 2.5 गुना अधिक इन्सुलिन होती है। यह अत्यंत महत्त्वपूर्ण है कि आप हर समय एक प्रकार की इन्सुलिन का प्रयोग करें एवं इन्सुलिन की सही सिरिंज़ का उपयोग करें। किसी भी उलझन तथा शक की स्थिति में अपने चिकित्सक से परामर्श करें और उससे परामर्श लिये बिना इन्सुलिन की वायल तथा सिरिंज़ को न बदलें। अगर आपका कोई मित्र या रिश्तेदार विदेश से इन्सुलिन भेजता है, तो अपने चिकित्सक को वह इन्सुलिन दिखाकर ही प्रयोग करें। अगर आपको 40 I.U./ml के स्थान पर 100 I.U./ml इन्सुलिन लेनी है, तो अपने चिकित्सक से उसकी मात्रा को नापने के बारे में जान लें।

इन्सुलिन लेते समय निम्न बातों का ध्यान रखें –

1. इन्सुलिन चाहे जो भी हो (U-40 अर्थात् 40 I.U./ml अथवा U-100 अर्थात् 100 I.U./ml) आपके इन्सुलिन के यूनिट अपरिवर्तित रहते हैं।

2. जब इन्सुलिन के स्ट्रेंथ परिवर्तित करते हैं तो शरीर में जाने वाली इन्सुलिन की मात्रा तो (ml या (c.c.) में परिवर्तित होती है अर्थात् यदि आप 1 ml 40 I.U./ml इन्सुलिन ले रहें हैं तो 100 I.U./ml इन्सुलिन में आपको 0.4 ml, 100 इन्सुलिन की आवश्यकता होगी।

3. ग़लती से बचने के लिए वायल के मुताबिक इन्सुलिन सिरिंज़ का उपयोग करें अर्थात् 40 I.U./ml I.U. Insulin के लिए 40 I.U./ml सिरिंज़ तथा 100 I.U./ml Insulin के लिए 100 I.U./ml सिरिंज़ का ही उपयोग करें।

4. इन्सुलिन के बॉक्स व वायल पर 40 I.U./ml या 100 I.U./ml मुद्रित रहता है।

किन मधुमेह रोगियों में इन्सुलिन की आवश्यकता होती है?

मधुमेह का मतलब इन्सुलिन नहीं होता है और यह ज़रूरी नहीं है कि अगर आपको मधुमेह हो गया है तो आपको इन्सुलिन का टीका लगना ही लगना है। इसका निर्णय आपका इलाज करने वाला चिकित्सक ही करता है। फिर भी निम्नलिखित परिस्थितियों में इन्सुलिन के टीके की आवश्यकता होती है –

1. टाइप-1 डायबिटीज़ से पीड़ित रोगी इन्सुलिन पर निर्भर रहते हैं क्योंकि उनके पैनक्रियास (अग्नाशय) में पर्याप्त इन्सुलिन का उत्पादन नहीं हो पाता।
2. वे मधुमेही जिन्हें कोई संक्रामक (infectious) रोग हो गया हो या क्षय रोग (T.B.) हो गया हो।
3. गर्भवती स्त्रियाँ जो कि मधुमेह से पीड़ित हैं, उन्हें भी इन्सुलिन के टीके पर गर्भावस्था के दौरान निर्भर रहना पड़ता है।

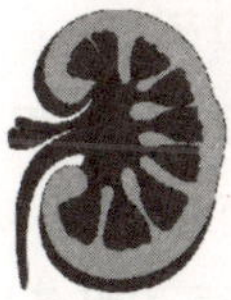

4. मधुमेह रोगी का अगर कोई बड़ा ऑपरेशन या शल्य-क्रिया होनी हो।
5. वे मधुमेही जिनके गुर्दे या ज़िगर ख़राब हो चुके हैं।
6. वे मधुमेही जिन्हें हार्ट अटैक या पैरालिसिस (लकवे) का अटैक पड़ा हो।
7. वे सभी टाईप-2 मधुमेह रोगी, जिनकी शुगर गोलियों के द्वारा नियंत्रित न की जा सके।
8. कोमा (बेहोशी) – किसी भी कारण से।

इन्सुलिन का इंजे़क्शन कितनी बार लगाना चाहिए?

इसके बारे में आपका डॉक्टर निर्धारित करेगा कि इन्सुलिन दिन में कितनी बार और किस-किस समय दी जानी चाहिए। मेडिकल या सर्जरी एमेरजेंसी जैसे शल्य-क्रिया के दौरान, संक्रमण के दौरान इत्यादि अवस्थाओं में जल्दी असर करने वाली इन्सुलिन, रैगुलर इन्सुलिन का उपयोग करना चाहिए। इसका असर आधे

घंटे में शुरू होकर 4-6 घंटों में ख़त्म हो जाता है, अतः उन व्यक्तियों को (जो रैगुलर इन्सुलिन पर हैं) दिन में 4-6 बार इस इन्सुलिन को लगाया जाता है। इंटरमीडिएट एक्टिंग या मिश्रित इन्सुलिन (mixtard, etc.) का उपयोग सवेरे तथा शाम, नाश्ते एवं रात्रि भोजन के पहले किया जाता है। लांग एक्टिंग इन्सुलिन (lentard, etc.) का असर 24 घंटे से भी अधिक रहने के कारण, दिन में एक बार इस तरीके की इन्सुलिन का टीका लगाने की ज़रूरत पड़ती है।

इन्सुलिन लेने का यह मतलब नहीं होता है कि आप व्यायाम करना छोड़ दें और खान-पान का ध्यान न रखें। नियमित व्यायाम से आपकी शुगर घटती है और इन्सुलिन का असर बढ़ता है। ऐसे ही नियमित खान-पान भी शुगर को कंट्रोल करने में सहायक सिद्ध होता है।

इन्सुलिन लगाने के साधन – इन्सुलिन लगाने के विभिन्न साधन आजकल बाज़ार में उपलब्ध हैं तथा आज के आधुनिक तथा विकसित युग में दर्द वाली सूई की जगह दर्द-रहित 'इंजेक्टर्स' ने ले ली है। इन्सुलिन लगाने के विभिन्न साधन इस प्रकार हैं –

1. **ग्लास सिरिंज़** – यह प्राचीनतम जरिया है जिसमें ग्लास सिरिंज़ और मोटी सूई (26 नं.) के द्वारा इन्सुलिन का इंज़ेक्शन लिया जाता है। इस साधन की कुछ कमियाँ हैं, जैसे उपयोग से पूर्व इन्हें उबालना (विसंक्रमित करना) आवश्यक होता है। इसमें कई बार वायु रह जाती है और इन्सुलिन की मात्रा नापने में कठिनाई होती है। इन्सुलिन की कुछ मात्रा तल में रह जाती है और प्रत्येक रोगी को ज़रूरत के मुताबिक इन्सुलिन नहीं मिलती है और प्रत्येक इंज़ेक्शन में 4 से 5 यूनिट इन्सुलिन व्यर्थ जाती है।

2. **इन्सुलिन प्लास्टिक सिरिंज़** – यह सिरिंज़ इन्सुलिन के इंज़ेक्शन के लिए विशेष तौर पर तैयार की गई है, इसमें बहुत महीन सूई (30 या 31 गेज़ की), एक प्लास्टिक की सिरिंज़ के साथ जुड़ी रहती है। आजकल इन सिरिंज़ों का प्रचलन बहुत ज़्यादा है क्योंकि इनकी सूई बहुत महीन होने के कारण यह लगभग दर्द-रहित होती है। प्लास्टिक सिरिंज़ से सही 'डोज़' का चयन होता है और इन्सुलिन ख़राब नहीं होती है। यह दो तरह की यू-40 और यू-100

प्रकार में उपलब्ध है, जिनमें 1 ml में क्रमशः 40 यूनिट एवं 100 यूनिट इन्सुलिन आती है। यू-40 तरह की इन्सुलिन के लिए यू-40 सिरिंज़ और यू-100 इन्सुलिन के लिए यू-100 प्रकार की सिरिंज़ उपयोग में लानी चाहिए।

3. **'इन्सुलिन पेन'** – जिन मधुमेह रोगियों के लिए सिरिंज़ों का प्रयोग करना काफी मुश्किल कार्य है, वे इन्सुलिन पेन का प्रयोग करना अधिक पसंद करते हैं। यह एक पेन या कलम के आकार का छोटा-सा उपकरण होता है। आजकल महानगरों में इस विधि का प्रचलन बढ़ रहा है क्योंकि –

1. इसमें सूई बहुत महीन – 31 गेज़ की होती है।

2. इन्सुलिन का घोल एक 'कार्ट्रिज़' में रहता है, जिसे ख़त्म होने पर बदला जा सकता है।
3. इन्सुलिन का 'डोज़' डायल करने के बाद लगाने की बहुत आसान विधि होती है, जिससे बच्चे भी स्वयं इंज़ेक्शन लगा सकते हैं।
4. पेन को रेफ्रिज़रेटर में रखने की ज़रूरत नहीं होती है।
5. इन्सुलिन का इंज़ेक्शन लगाते समय 'स्प्रिट स्वैब' इत्यादि की भी ज़रूरत नहीं होती है। शीशी से सिरिंज़ भरना तथा सुइयां एवं स्प्रिट वगैरह भी रखने की ज़रूरत नहीं होती है। इन्सुलिन पेन के इस्तेमाल में बहुत कम दर्द होता है, इसके द्वारा दवा की एकदम सही मात्रा शरीर में पहुंचती है। इस विधि से इन्सुलिन लगाना इतना आसान हो गया है कि छोटे-छोटे बच्चे भी इससे स्वयं ही इन्सुलिन लगा सकते हैं।

4. **इन्सुलिन 'जैट इंजे़क्टर्स'** – इसमें उच्च दबाव बनाने वाले 'इंजेक्टर्स' के द्वारा इन्सुलिन को महीन कणों के ज़रिए शरीर में प्रवेश कराया जाता है। इसमें सूई का उपयोग नहीं किया जाता। यह बहुत महंगा (करीब 12,000 रुपये का) होता है और इंज़ेक्शन की जगह पर लाल रंग का धब्बा (bruise) भी बन जाता है।

5. **'इन्सुलिन पम्प' (Insulin Pump)** – यह छोटे ट्रांजिस्टर के आकार का एक यंत्र होता है, जिसमें एक इन्सुलिन रखने की सिरिंज़ होती है, जो कि महीन प्लास्टिक की नली के द्वारा एक महीन सूई से जुड़ी रहती है। इस यंत्र को एक बैल्ट की तरह पेट पर बांध लिया जाता है और सूई को चमड़ी के नीचे लगा दिया जाता है। मोटर द्वारा संचालित सिरिंज़ 24 घंटे में इन्सुलिन (Intermediate or Long Acting Insulin) की एक निर्धारित मात्रा शरीर में प्रवेश कराती है तथा भोजन के पूर्व एवं ज़रूरत के मुताबिक Short Acting Insulin का 'बोलस' दिया जाता है। यह विधि अत्याधुनिक होने के कारण बहुत महंगी है (लगभग दो से ढाई लाख रूपये तक की) तथा कई बार संक्रमण भी हो जाता है। कई लोग इससे असुविधा महसूस करते हैं।

6. **'पैनक्रियास प्रत्यारोपण' (Pancreas Transplant)** – इस विधि में किसी मृत व्यक्ति का पैनक्रियास (अग्नाशय) निकालकर मधुमेह रोगी में प्रत्यारोपित कर दिया जाता है। अगर गुर्दे के साथ-साथ पैनक्रियास का प्रत्यारोपण कर दिया जाए तो नतीजे अच्छे निकलने की संभावना होती है। महंगी होने के साथ-साथ यह क्रिया अभी उतनी उपयोगी एवं श्रेष्ठ सिद्ध नहीं हो सकी है।

इन्सुलिन कहाँ-कहाँ लगा सकते हैं – देखिए परिशिष्ट 8 (page 153)

इंज़ेक्शन को सबक्यूटेनिअस (S.C.) लगाया जाता है अर्थात् त्वचा के नीचे के ऊत्तक में (त्वचा और मांस की परत के बीच में)। अगर आप त्वचा को पकड़कर ऊपर कर लेते हैं और सूई को सीधे डालते हैं तो त्वचा के नीचे सूई उपयुक्त जगह पर पहुंचेगी।

इन्सुलिन लगाने का क्रम – देखिए परिशिष्ट 9 (page 152)

इन्सुलिन के इंज़ेक्शन के स्थान को बार-बार बदलना इसलिए ज़रूरी है ताकि –

1. इन्सुलिन का अवशोषण सही ढंग से हो सके।
2. एक ही छोटे क्षेत्र में बार-बार इंज़ेक्शन लगाने से त्वचा के नीचे के ऊत्तक को क्षति हो सकती है। (atrophy या hypertrophy of skin)

इन्सुलिन के टीके की जटिलताएँ (Complications)

मधुमेह रोगी को इन्सुलिन का टीका लगाते समय बहुत ध्यान रखना चाहिए और इन्सुलिन की सही मात्रा, सही सिरिंज़ एवं सही विधि तथा सही स्थान पर इंजेक्शन लगाना चाहिए। अगर इन बातों का ध्यान न रखा जाए तो इन्सुलिन से विभिन्न प्रकार की जटिलताएँ पैदा हो सकती हैं। जैसे –

1. लो शुगर (हाइपोग्लाइसीमिया) – अगर ग़लती से इन्सुलिन का अधिक डोज़ ले लिया जाए या इन्सुलिन के बाद पूरा खाना न खाया जाए।
2. इंज़ेक्शन की जगह खुजली, लाल दाना या एलर्जी होना।
3. इंज़ेक्शन की जगह चमड़ी का मोटा होना (हाइपरट्रोफी–Hypertrophy)
4. इंज़ेक्शन की जगह चमड़ी पर गड्ढा पड़ जाना (एट्रोफी–Atrophy)
5. इन्सुलिन का असर नहीं होना (insulin resistance)
6. इन्सुलिन के इंज़ेक्शन की जगह इंफेक्शन या फोड़ा हो जाना।

इन्सुलिन इंज़ेक्शन संबंधी कुछ उपयोगी बातें

इंज़ेक्शन लेने से पहले शीशी की जाँच कर लें। शीशी पर उल्लिखित अवधि समाप्त तो नहीं हो गयी है (Expiry Date)। इन्सुलिन का प्रकार तो सही है। कम अवधि वाली (रेग्यूलर) इन्सुलिन पानी जैसी हो (दूधिया नहीं) तथा माध्यमिक अथवा दीर्घावधि इन्सुलिन दूधिया होनी चाहिए। अगर शीशी में कण दिखाई देते हों, या इन्सुलिन का रंग दूधिया की जगह भूरा हो गया हो या इन्सुलिन जमी हुई हो, तो उसका प्रयोग न करें।

इन्सुलिन का इंज़ेक्शन नियमित भोजन से आधा घंटा पहले लेना चाहिए। दीर्घावधि सक्रिय इन्सुलिन (Levemir/Lantus) अधिकतर सोने से पहले दिए जाते हैं।

इन्सुलिन खरीदते समय ध्यान रखें –

1. इन्सुलिन ऐसे केमिस्ट (बड़ी दुकान) से लें जो इन्सुलिन स्टोरेज़ के लिए "कोल्ड चेन" (Cold Chain) का ध्यान रखें। इन्सुलिन को कारख़ाने में बनने से लेकर उसके परिवहन तथा मरीज़ द्वारा इंज़ेक्शन लेने तक 2 से 8° सैल्सियस पर रखना चाहिए। इसे "कोल्ड चेन" कहते हैं जिसके न रहने से इन्सुलिन ख़राब होकर असरहीन हो जाती है।

2. वही इन्सुलिन लें जो आपके चिकित्सक ने बतायी है, नाम को अच्छी तरह जाँच लें।
3. वायल का ढक्कन उसका लेबल तथा बॉक्स एक ही रंग के होने चाहिए।
4. वायल का ढक्कन ढीला नहीं होना चाहिए। एक बार खोलने पर उसे पुनः वायल पर नहीं लगाया जा सकता है।

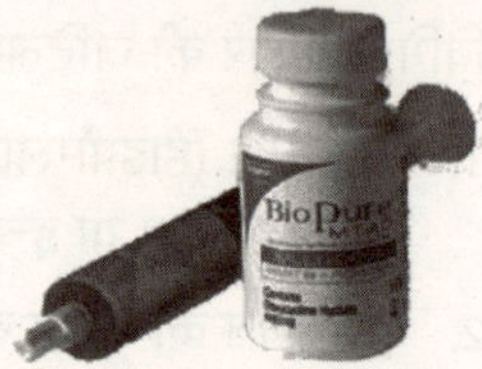

5. इन्सुलिन वायल एवं सिरिंज़ की स्ट्रेंथ एक ही है अर्थात् यू-40 शीशी के लिए यू-40 सिरिंज़ तथा यू-100 शीशी के लिए यू-100 सिरिंज़।
6. 'प्लेन' इन्सुलिन (एक्ट्रापिड एवं ह्यूमन एक्ट्रापिड इत्यादि) के वायल में घोल एकदम पारदर्शी व स्वच्छ होता है, इस शीशी में दाने-दाने या धुंधलापन होने पर उसे न लें।
7. दो तरह की इन्सुलिन को न मिलायें, जैसे 'बोवाइन' तथा 'पोरकाइन'।

इन्सुलिन सुरक्षित रखने के निर्देश

1. जहां तक संभव हो सके इन्सुलिन को रेफ्रिज़रेटर (फ्रिज़) के अंदर निर्धारित तापमान, 2 से 8 डिग्री सैल्सियस (36 से 46 डिग्री फॉरेनहाइट) पर रखना चाहिए।
2. अगर फ्रिज़ नहीं है तो इन्सुलिन को ठंडे एवं अंधेरे स्थान पर रखें।
3. कभी भी इन्सुलिन को 'फ्रीज़र' में न रखें और जमी हुई इन्सुलिन का प्रयोग बिल्कुल न करें। इन्सुलिन को कभी फ्रिज़ के कूलिंग सिस्टम के पास न रखें।
4. इन्सुलिन को सीधे धूप अथवा सूर्य की रोशनी से दूर रखें, अन्यथा उसकी प्रभाव क्षमता कम हो जाती है।

5. इन्सुलिन को उच्च तापमान पर न रखें, जैसेकि
   क) कार के 'डेश बोर्ड' या 'ग्लोव कंपार्टमेंट' में।
   ख) धूपदार खिड़की पर।
   ग) 'गैस स्टोव' या कुकिंग रेंज के पास।
   घ) इलैक्ट्रॉनिक उपकरणों जैसे टी.वी. टेपरिकॉर्डर के ऊपर।
6. ट्रेन में यात्रा के समय थर्मस में बर्फ़ के टुकड़े डालकर इन्सुलिन रखी जा सकती है।

14. मधुमेह में आपातकालीन स्थितियाँ

मधुमेह ऐसा रोग है जिसको ख़त्म नहीं किया जा सकता, लेकिन इसको नियंत्रण में रखा जा सकता है। मधुमेही की ज़िन्दगी में कभी-कभी आपातकालीन स्थितियाँ पैदा हो सकती हैं, जिनसे घबराने की ज़रूरत नहीं रहती और समय रहते अगर थोड़ी सावधानी बरती जाए तो इन जानलेवा स्थितियों से बचा जा सकता है। डायबिटीज़ या मधुमेह में मुख्यतः दो प्रकार की आपातकालीन स्थितियाँ पैदा हो सकती हैं,

1. खून में शक्कर की मात्रा का बहुत कम हो जाना या 'हाइपोग्लाइसिमिया'
2. खून में शक्कर की मात्रा का बहुत अधिक बढ़ जाना या 'हाइपरग्लाइसिमिया'।

हाइपोग्लाइसिमिया (Hypoglycemia) या 'लो शुगर' (Low Sugar)

रक्त में शुगर का स्तर एक निश्चित सीमा में रहना चाहिए, जब ब्लड शुगर का स्तर एक सीमा से कम हो जाता है तो इसे 'हाइपोग्लाइसिमिया' कहते हैं। साधारणतया 50 मिग्रा प्रतिशत से कम रक्त शुगर होने पर हाइपोग्लाइसिमिया होता है, जिसे 'हाइपो' या 'लो शुगर' भी कहते हैं।

हाइपोग्लाइसिमिया के कारण – शरीर में ग्लूकोज़ की कमी होने पर शरीर इसका उत्पादन करके ब्लड शुगर का स्तर सामान्य से कम नहीं होने देता। परतु किन्हीं कारणों से यह प्रक्रिया सामान्य रूप से कार्य नहीं कर पाती है तो रक्त शर्करा का स्तर बहुत कम हो जाता है एवं 'हाइपोग्लाइसिमिया' के लक्षण दिखाई देने लगते हैं। हाइपोग्लाइसिमिया के निम्नलिखित कारण हो सकते हैं –

1. अधिक शुगर की गोलियाँ या इन्सुलिन की मात्रा – निर्धारित मात्रा से अधिक इन्सुलिन या असमय इन्सुलिन लेना (बुजुर्गों या लापरवाह व्यक्तियों में)।
2. इन्सुलिन लेना किंतु भोजन में देरी करना या खाना खाने के बहुत देर बाद इन्सुलिन लेना।
3. खाने की मात्रा में कमी होना (जैसे बुखार में उल्टियाँ लगने पर) किंतु इन्सुलिन या दवाइयों की वही मात्रा चालू रखना।
4. ज़रूरत से अधिक व्यायाम।

5. अत्यधिक शराब पीना – शराब से लिवर में ग्लूकोज़ का उत्पादन कम हो जाता है और हाइपोग्लाइसिमिया ठीक करने वाली प्रक्रिया में बाधा पड़ती है। नशे की हालत में मरीज़ हाइपोग्लाइसीमिया के लक्षण भी पहचान नहीं पाता है।

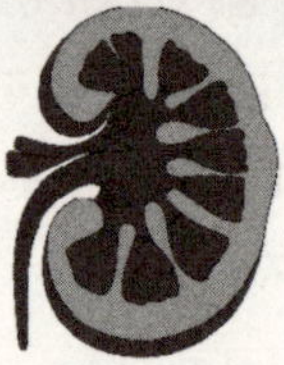

6. गुर्दे की बीमारी : गुर्दे ख़राब होने पर इन्सुलिन या दवाइयाँ मूत्र के रास्ते शरीर से बाहर निकल नहीं पाती हैं और इनका प्रभाव लंबे समय तक रहता है।
7. इन्सुलिन के प्रकार या शुगर की गोलियों के प्रकार में परिवर्तन के कारण।

अत्यधिक भूख लगना

सिर-दर्द

आंखों के आगे अंधेरा आना

अत्यधिक पसीना

हाइपोग्लाइसीमिया के लक्षण – हाइपोग्लाइसीमिया के विभिन्न प्रकार के लक्षण विभिन्न प्रकार के मरीज़ों में देखे जा सकते हैं। आपको शीघ्र ही इन लक्षणों की पहचान करना सीखना चाहिए। अगर समय रहते हाइपोग्लाइसीमिया का सही इलाज न किया जाए तो यह जानलेवा हो सकता है। कुछ सामान्य लक्षण हैं – अत्यधिक भूख लगना, अत्यधिक कमज़ोरी, सिर-दर्द, मुँह के चारों ओर झुनझुनी आना, आंखों के आगे अंधेरा आना, अत्यधिक पसीना, चिंता, गुस्सा, धड़कन बढ़ना, कंपकपाना, चिड़चिड़ापन, असमंजस, मूर्छा तथा बेहोशी, इत्यादि।

कभी-कभी निद्रा के दौरान भी लो शुगर हो सकती है, इसमें एकदम पसीना आना या सर्दी की रातों में भी बहुत गर्मी लगना, बुरे सपने आना तथा सवेरे उठने पर सिर-दर्द या कमज़ोरी होना और नाश्ते के बाद ठीक हो जाना। जब ब्लड शुगर बहुत कम हो जाती है तो रोगी को मिर्गी के दौरे पड़ सकते हैं या फालिज़ (अधरंग या पैरालिसिस) हो सकता है। व्यक्ति बेहोश हो सकता है और समय रहते अगर चिकित्सा न मिले तो उसकी मृत्यु भी हो सकती है।

बिना लक्षणों के 'हाइपो' होना – सामान्यतः 'हाइपो' के विभिन्न लक्षण होते हैं (जैसाकि ऊपर बताया गया है), जिन्हें अगर मरीज़ समय रहते पहचान ले तो इनसे बचा जा सकता है। लेकिन कभी-कभी कुछ परिस्थितियों में, जैसे – जिन लोगों का मधुमेह लंबे समय से अनियंत्रित हो, बहुत वृद्ध व्यक्ति या हृदय रोग या उच्च रक्तचाप के लिए 'बीटाब्लॉकर' नामक दवाई पर जो व्यक्ति हो, इस प्रकार के रोगियों में बिना 'चेतावनी लक्षणों' के गंभीर हाइपोग्लाइसीमिया हो सकता है, जो कि ख़तरनाक हो सकता है।

चिंता

बेहोशी

हाइपोग्लाइसीमिया का इलाज – हाइपो का इलाज बहुत हद तक इस बात पर निर्भर करता है कि हाइपो का विकास कितनी जल्दी हुआ है और मरीज़ होश में है या बेहोश है। जब हाइपो की शुरुआत लगे और आपने खाने में कुछ नहीं लिया है तो तुरंत अल्पाहार या भोजन ले लेना चाहिए। इसमें फल, सेंडविच या मीठे बिस्कुट ले सकते हैं। यदि हाइपो थोड़ा तेज है तो मीठा पेय पदार्थ (कोल्ड ड्रिंक्स), फलों का जूस, ग्लूकोज़, लेमोनेड, मिठाई अथवा चार चम्मच शक्कर को पानी में घोलकर लिया जा सकता है। अगर मरीज़ बेहोशी की हालत में जा रहा है, तो उसे अंगुली में लगाकर कुछ चम्मच 'शहद' चटानी चाहिए।

बेहोश व्यक्ति में हाइपो का इलाज – यदि हाइपो का व्यक्ति बेहोश हो तो रोगी को मुँह से ग्लूकोज़ या कोल्ड ड्रिंक्स नहीं देना चाहिए और उसे एक तरफ करवट करके लिटा देना चाहिए। 'ग्लूकागोन' का इंज़ेक्शन लगाना चाहिए। यदि ग्लूकागोन उपलब्ध नहीं है या रोगी को ग्लूकागोन इंज़ेक्शन लगाने के दस पंद्रह मिनट के बाद भी लाभ नहीं होता है, तो तुरंत डॉक्टर को बुलायें या एम्बुलेंस बुलाकर रोगी को अस्पताल ले जायें। जहां पर नस में ग्लूकोज़ का टीका लगाने पर तुरंत लाभ पहुंचता है और रोगी को कुछ ही क्षणों में होश आ सकता है और उसकी जान बच सकती है।

'ग्लूकागोन' तथा इससे हाइपो को ठीक करना – ग्लूकागोन एक हारमोन है। जब ब्लड शुगर का स्तर सामान्य से कम हो जाता है, तब यह हार्मोन स्रावित होता है। इसका प्रभाव इन्सुलिन के प्रतिकूल होता है। यह शरीर की स्वाभाविक प्रक्रिया को प्रेरित करके रक्त शुगर का स्तर बढ़ाता है। जब मधुमेही को हाइपो का अटैक पड़े और वो बेहोशी में जा रहा है या बेहोश हो गया है, तो केमिस्ट के पास उपलब्ध ग्लूकागोन के इंज़ेक्शन से उस मधुमेही की जान बचाई जा सकती है। ग्लूकागोन उपयोग के लिए तैयार 'ग्लूकागोन हाइपोकिट' के रूप में उपलब्ध है। इन्सुलिन लेने वाले हर एक व्यक्ति को ग्लूकागोन का टीका अपने पास अवश्य रखना चाहिए।

'हाइपो' या 'लो शुगर' से बचाव – हमारा मस्तिष्क पूरे शरीर की विभिन्न क्रियाओं को नियंत्रित करता है और इसके लिए मस्तिष्क को ऊर्जा की आवश्यकता होती है, जो कि उसे ग्लूकोज़ से मिलती है। इसीलिए जब भी रक्त में शुगर का स्तर सामान्य से कम हो जाता है, तो मस्तिष्क के कार्य में रुकावट पड़ जाती है। अगर समय रहते लो ब्लड शुगर से बचाव कर लिया जाए तो लो ब्लड शुगर के मस्तिष्क तथा शरीर के अन्य अंगों पर होने वाले दुष्प्रभाव से बचा जा सकता है।

'हाइपो' से बचाव के लिए कुछ सुझाव इस प्रकार हैं –

1. लो शुगर के लक्षणों को पहचानना सीखिए और इससे घबराइए नहीं – याद रखिए हर एक मधुमेही को ज़िंदगी में एक बार या अनेक बार लो शुगर ज़रूर होती है। हाइपो की शुरुआत में ही फल, सेंडविच, बिस्कुट, मीठा पेय पदार्थ ले लें।

2. ब्लड शुगर एवं पेशाब की नियमित जाँच करवाते रहें।
3. हर मधुमेही को अपनी जेब में मीठी गोली, चॉकलेट या शक्कर की पुड़िया रखनी चाहिए। जब भी हाइपो का आभास हो तो आसपास कुछ न होने के बावजूद भी आप इन चीजों के द्वारा आपातकालीन स्थिति को टाल सकते हैं।

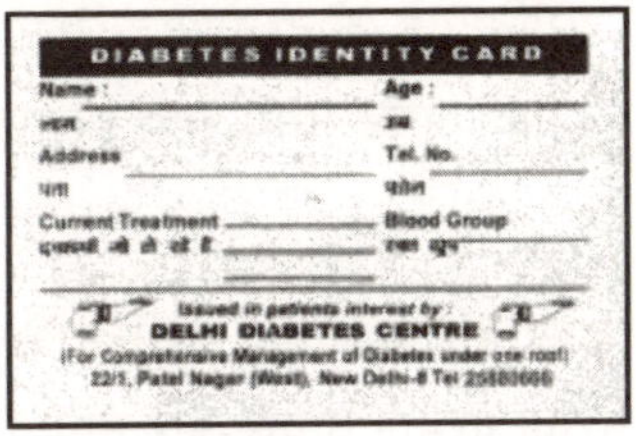
DIABETES IDENTITY CARD

Name : ____ Age : ____

Address ____ Tel. No. ____

पता फोन

Current Treatment ____ Blood Group ____

Issued in patients interest by :

DELHI DIABETES CENTRE

(For Comprehensive Management of Diabetes under one roof)

22/1, Patel Nagar (West), New Delhi-8 Tel 25880666

4. मधुमेही को अपनी जेब में 'मधुमेह पहचान-पत्र' भी रखना चाहिए, जिसमें रोगी का नाम, पता, फोन नं., जो दवाईयाँ या इन्सुलिन का 'डोज़' वह ले रहा है तथा उसके डॉक्टर का नाम और पता भी लिखा होता है। अगर लो शुगर की वजह से कोई मधुमेही बेहोश हो जाता है, तो उसकी तलाशी से एवं मधुमेह पहचान-पत्र से पता चल सकता है और समय रहते सही इलाज के जरिए उसकी जान बचाई जा सकती है।

5. इन्सुलिन तथा दवाइयों की सही मात्रा लेनी चाहिए।
6. शराब का सेवन नहीं करना चाहिए।
7. शराब के साथ इन्सुलिन या शुगर की गोलियाँ नहीं लेनी चाहिए।

हाइपरग्लाइसीमिया (Hyperglycemia) तथा कीटो ऐसीडोसिस (Keto Acidosis)

ब्लड शुगर का स्तर एक सीमा के अंदर होना चाहिए, लेकिन किन्हीं कारणों से अगर ब्लड शुगर बहुत अधिक हो जाए तो इसे 'हाइपरग्लाइसीमिया' कहते हैं। इसके कारण भी मरीज़ की हालत ख़राब हो सकती है एवं मरीज़ बेहोश हो सकता है। ब्लड शुगर के बहुत ज़्यादा बढ़ने की इस अवस्था को 'डायबिटिक कीटो ऐसीडोसिस' कहते हैं, जो कि अधिकांशतः टाईप-1 डायबिटीज के युवा रोगियों में देखी जाती है, लेकिन यह टाईप-2 डायबिटीक रोगियों में भी हो सकती है, विशेषकर यदि मधुमेह नियंत्रित नहीं हो।

'डायबिटिक कीटो ऐसीडोसिस' क्या है? – जब डायबिटीज़ नियंत्रण के बाहर हो जाती है, तो शरीर ऊर्जा उत्पादन के लिए ब्लड शुगर का उपयोग नहीं कर पाता है और शरीर की चर्बी का उपयोग ऊर्जा उत्पादन के लिए किया जाता है। इससे 'कीटोन्स' नामक केमिकल्स ब्लड में इकट्ठा होने लगते है। ये कीटोन्स रक्त, मूत्र तथा श्वास में उपस्थित होते हैं। कीटोन्स की अधिकता के कारण रक्त में अम्ल की मात्रा बढ़ जाती है। साथ-ही-साथ ब्लड शुगर का उपयोग, ऊर्जा उत्पादन के लिए न होने के कारण वह भी बहुत बढ़ जाती है, इस स्थिति को

'डायबिटीज़ कीटो ऐसीडोसिस' कहते हैं। यह एक बहुत ख़तरनाक स्थिति है, जिसका अगर समय रहते इलाज न किया जाए, तो व्यक्ति की मृत्यु तक हो जाती है।

'डायबिटिक कीटो ऐसीडोसिस' का क्या कारण है? – अगर डायबिटीज़ का मरीज़ परहेज़ न करे और भोजन अधिक खाये, इन्सुलिन या दवाइयाँ न ले या कम ले, लड़कियों में मासिक धर्म की शुरुआत। अक्सर ऐसे मरीज़ों में अगर कोई 'इन्फैक्शन' हो जाए, हार्टअटैक हो जाए, चोट लग जाए या कोई बड़ा ऑपरेशन किया जाए तो रक्त में शुगर की मात्रा बहुत ज़्यादा बढ़ जाती है और मधुमेही 'डायबिटिक कीटो ऐसीडोसिस' में चला जाता है।

'कीटो ऐसीडोसिस' के लक्षण –

1. आम दिनों से ज़्यादा भूख व प्यास लगना व बार-बार पेशाब आना।
2. जी घबराना।
3. उल्टी व पेट दर्द होना। (इसे ग़लती से 'अपच' न समझें)।
4. आम दिनों से ज़्यादा थकान, कमज़ोरी या नींद आना।
5. बहुत तेज़ बुखार आना।
6. सांस का तेज़ और गहरा होना।
7. सांस से पके फलों जैसी गंध आना।
8. मानसिक असंतुलन या बेहोशी आना।

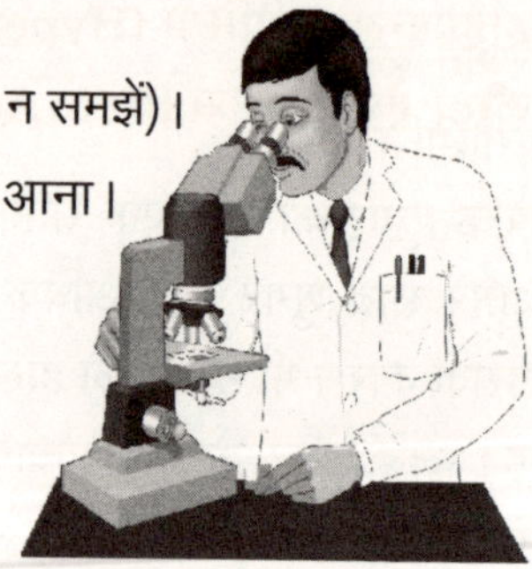

ऐसे मरीज़ अक्सर बहुत दिनों से इन्सुलिन का टीका या दवाईयाँ नहीं ले रहे होते हैं। मरीज़ को एक दो-दिन पहले बहुत प्यास लगती है और वह बार-बार पेशाब के लिए जाने लगता है, उसका जी मचलाने लगता है और पेट में दर्द के साथ उसे उल्टियाँ चालू हो जाती हैं, मरीज़ की ज़ुबान सूख जाती है और शरीर पर पसीना आना बंद हो जाता है। मरीज़ की चेतना धीरे-धीरे कम होने लगती है और वह धीरे-धीरे बेहोश हो जाता है। ऐसे मरीज़ के पास जाने पर उसकी सांस में से पके फलों जैसी गंध या गन्ने की दुकान में जो बदबू आती है, वैसी गंध आने लगती है। रक्त की जाँच करने पर ब्लड शुगर बहुत ज़्यादा मात्रा में पाई जाती है और मूत्र की जाँच करने पर उसमें 'कीटोन्स' पाये जाते हैं।

डायबिटिक कीटो एसीडोसिस का इलाज तथा इससे बचाव – ऐसे मरीज़ को तुरंत अस्पताल में भर्ती करवाना चाहिए, जहां खून एवं पेशाब की जाँच करके तथा इन्सुलिन व आई.वी. फ्ल्यूड्स, एंटीबायटिक्स इत्यादि देकर मरीज़ की जान बचाई जा सकती है।

डायबिटिक कीटो एसीडोसिस से ग्रसित 50 प्रतिशत से अधिक रोगी मृत्यु का शिकार बनते हैं, इसलिए बचाव ज़रूरी है। अगर आपका ब्लड शुगर 250 मिग्रा प्रतिशत से अधिक होता है, तो तुरंत डॉक्टरी सलाह लें। मरीज़ों को अगर डायबिटिक कोमा के बारे में पता हो, तो उसके शुरू के लक्षणों को पहचानकर इस जानलेवा परेशानी से बचा जा सकता है।

वृद्ध मधुमेह रोगी जो इन्सुलिन पर निर्भर नहीं हैं, उनमें डायबिटिक कीटो एसीडोसिस नहीं देखा जाता है किंतु उनमें दूसरी स्थिति जिसे 'हाइपरओसमोलर कोमा' (डीहाइड्रेशन कोमा) कहा जाता है, उसका ख़तरा अधिक होता है, यह स्थिति ब्लड शुगर के बहुत अधिक बढ़ने से देखी जाती है। 'डायबिटिक कीटो एसीडोसिस' तथा 'हाइपरओसमोलर कोमा' के कारण तथा लक्षण समान हैं लेकिन हाइपरओसमोलर कोमा से ग्रसित व्यक्ति के मूत्र में कीटोन्स उपस्थित नहीं होते हैं।

15. मधुमेह की दूरगामी परेशानियाँ

मधुमेह होने के शुरुआती वर्षों में अधिक दिक्कतें नही आती हैं। लेकिन कुछ वर्ष बीतने के बाद धीरे-धीरे समस्याएँ सामने आने लगती हैं। समय गुज़रने के साथ-साथ अर्थात् मधुमेह रोग के पुराना होने पर शरीर का हर अंग ख़राब होने लगता है। अगर आपकी ब्लड शुगर नियंत्रित नहीं रहती है, तो मधुमेह चुपचाप अंदर-ही-अंदर आपके शरीर को खोखला करती जाती है।

मधुमेह के द्वारा शरीर के विभिन्न अंगों में होने वाली बीमारियाँ इस प्रकार हैं :–

हृदय – विभिन्न प्रकार के हृदय-रोगों के होने में मधुमेह भी एक प्रमुख कारण है। एक तिहाई मधुमेह रोगियो में मृत्यु का कारण दिल का दौरा होता है। मधुमेह के रोगी को एंजाइना या हार्टअटैक हो सकता है और हार्टफेल हो सकता है, जिसका कारण दिल का फैलना (डाइलेटेड कार्डियोमायोपैथी) होता है। मधुमेह रोगियों मे

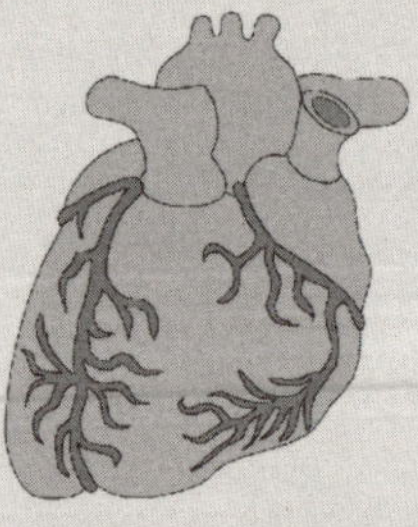

अधिकतर साइलेन्ट एंजाइना या साइलेन्ट हार्ट-अटैक होता है अर्थात् उन्हें छाती में दर्द नहीं होता है। 50 प्रतिशत डायबिटिक रोगियों में अक्सर हाई ब्लड प्रेशर या उच्च रक्तचाप हो जाता है जो कि मधुमेह के साथ मरीज़ के अन्य अंगों को जल्दी ख़राब करता है (अधिक विस्तार से देखिए – डायबिटीज़ एवं हृदय रोग, पृष्ठ सं. 66)

नेत्र – भारत में अंधे होने का तीसरा प्रमुख कारण मधुमेह है। बच्चों एवं युवावस्था वाले रोगियों में मधुमेह की वजह से आंखों पर कम असर पड़ता है। रोगी में आंखों की दृष्टि कम होना या धुंधला दिखायी देना, आंखों पर शुगर के असर के

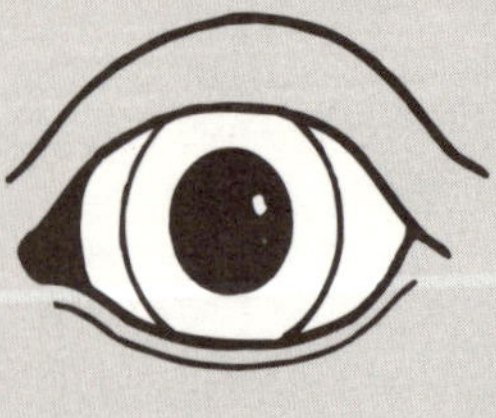

शुरुआती लक्षण हो सकते हैं। मोतियाबिन्द जो कि प्रौढ़ावस्था का रोग है, मधुमेह के रोगी को 30 से 40 साल की उम्र में हो सकता है। मधुमेह रोगी में काला मोतिया (ग्लूकोमा) होने की संभावना भी अधिक होती

है। शुगर के मरीज़ को सबसे अधिक ख़तरा 'रेटाईनोपैथी' (आँखों के पर्दे का ख़राब होना) से होता है जिससे कि मरीज़ हमेशा के लिए अंधा हो सकता है। (अधिक विस्तार से देखिए – मधुमेह एवं नेत्र रोग, पृष्ठ सं. 71)

मस्तिष्क – मधुमेह रोगी के मस्तिष्क की नसों में खून का थक्का (क्लोट) बन सकता है या ब्रेन हैमरेज़ (मस्तिष्क में रक्तस्राव) हो सकता है, जिससे मरीज़ को अधरंग या फालिज़ हो सकता है।

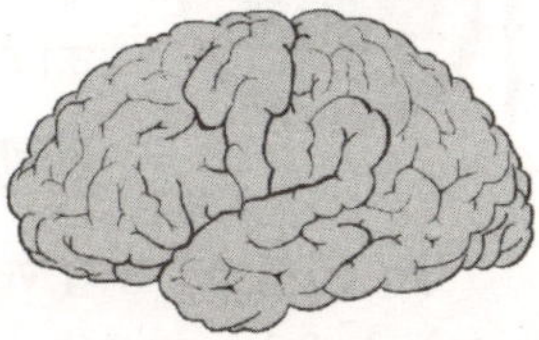

'हाइपो' में या 'कीटोऐसीडोसिस' में भी बहुत दिनों तक बेहोश रहने पर मस्तिष्क क्षतिग्रस्त हो सकता है और मरीज़ 'डीप कोमा' (नीम बेहोशी) में जा सकता है।

स्नायु-तंत्र – मधुमेह के मरीज़ का स्नायु-तंत्र (नर्वस सिस्टम) धीरे-धीरे कमज़ोर होने लगता है। हाथ-पैरों का सुन्न होना, सुईयां जैसे चुभना या बहुत तेज़ दर्द होना, पैरों से चप्पल का फिसलना इत्यादि प्रकार के लक्षण डायबिटिक न्यूरोपैथी में हो जाते हैं। कई लोगों को इतनी कमज़ोरी हो जाती है कि उठना-बैठना एवं चलना-फिरना भी बहुत मुश्किल हो जाता है। सीढ़ियाँ चढ़ना भी बहुत मुश्किल हो जाता है और चलते हुए गिरने का डर लगा रहता है। लिखने में कठिनाई महसूस होती है। खड़े होते ही रक्तचाप के एकदम गिर जाने से रोगी को चक्कर आते हैं और आंखों के आगे अंधेरा छा जाता है और मरीज़ गिर जाता है। मधुमेह रोगी की आंतें ठीक से काम नहीं करती हैं। इससे पेट का फूलना एवं कब्ज़ की शिकायत हो जाती है तथा कभी-कभी दस्त भी लग सकती है। पेशाब करने में तकलीफ़ होती है और कभी-कभी बार-बार पेशाब जाने की इच्छा होती है। (खासकर रात्रि में)।

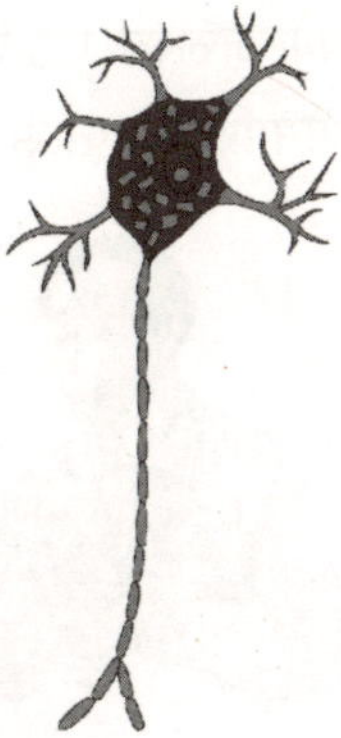

गुर्दे – गुर्दे ख़राब होने का सबसे प्रमुख कारण मधुमेह रोग है। मधुमेह रोगी के गुर्दे अधिकतर 10-15 वर्ष की बीमारी के बाद ही ख़राब होते हैं। सबसे पहले इस बीमारी से पेशाब में प्रोटीन आने लगती है और रोगी के मूत्र में झाग बनने लगती

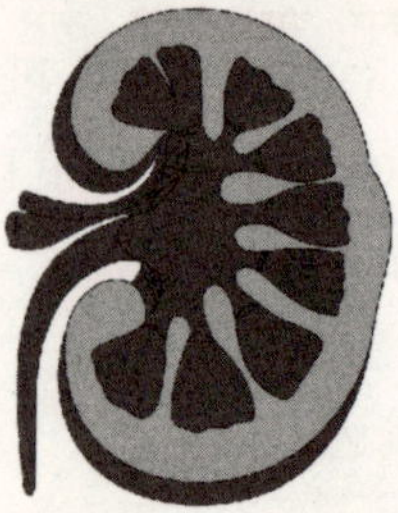

है। सामान्य व्यक्ति के मूत्र में नहीं के बराबर (24 घण्टे में 30 मिग्रा से भी कम) प्रोटीन होता है। एल्बुमिन या प्रोटीन के पेशाब में प्रकट होने की स्थिति को 'माइक्रोएल्बुमिन यूरिया' कहते हैं। अगर यह स्थिति निरंतर बनी रहे तो काफी संभावना होती है कि गुर्दे अपना काम करना बिल्कुल बंद कर दें। (एण्ड स्टेज रीनल डिसीज़)।

ऐसे लोगों को उच्च रक्तचाप या 'हाइपरटेंशन' हो जाता है और आंखों की पलकों के नीचे या पैरों में या पूरे शरीर पर सूजन आने लगती है। कमज़ोरी, भूख न लगना, उल्टियां या हिचकियां लगना, सांस फूलना इत्यादि गुर्दे ख़राब होने के अन्य लक्षण होते हैं। जैसे-जैसे रोग बढ़ता जाता है गुर्दे अधिक ख़राब होते चले जाते हैं और मरीज़ की जान बचाने के लिए 'डायलिसिस' या 'गुर्दा प्रत्यारोपण' की ज़रूरत पड़ती है। (अधिक विस्तार से देखिए – डायबिटीज़ एवं गुर्दे की बीमारियाँ, पृष्ठ सं. 76)

यौन समस्याएँ – तकरीबन 50 से 55 प्रतिशत मधुमेह के रोगियों (पुरुषों) में यौन-सम्बन्धी परेशानियां होती हैं। यौन उदासीनता तथा यौन निर्बलता एवं नपुंसकता पुरुषों में प्रमुख एवं यौन उदासीनता स्त्रियों में प्रमुख है। यौन समस्याओं के बारे में अपने चिकित्सक से खुलकर बात करनी चाहिए। उसे विस्तार से सारी बातें बताइये ताकि वह सही नतीजे पर आ सके, क्योंकि साधारणतया नामर्दगी का मुख्य कारण मनोवैज्ञानिक होता है लेकिन मधुमेह रोगी में शुगर का कंट्रोल न होने से नामर्दगी की अधिक सम्भावना होती है। यौन समस्याओं से बचने के लिए अपना ब्लड शुगर, ब्लड प्रेशर तथा कोलेस्ट्रॉल कंट्रोल में रखिए तथा धूम्रपान एवं शराब का सेवन बिल्कुल बंद कर दें।

मधुमेह पांव – मधुमेह पर नियंत्रण न रखने पर मधुमेह रोगी को पांव की विभिन्न प्रकार की तकलीफ़ें हो सकती हैं, जैसे – पैरों में संवेदनहीनता, पैरों में या तलवों में बहुत तेज़ दर्द, पैरों का जलना या झनझनाहट, चलते हुए महसूस होना कि जैसे रूई पर चल रहे

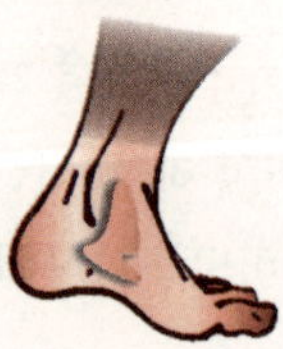

हैं, पैरों में कैलस या कार्न (गोखरू) का होना, पैरों में 'क्रैक्स' या जख़्म, कट इत्यादि का होना तथा पैर के घाव या जख़्म का न भरना या देरी से भरना इत्यादि।

पैरों में संवेदनहीनता एवं रक्त-संचार बाधित होने से पैरों का जख़्म काला व बदबूदार हो जाता है जो कि बाद में 'गैंगरिन' में तब्दील हो जाता है जिससे शुगर के मरीज़ का अंगूठा, पैर की अंगुलियां अथवा पूरा पैर काटना पड़ सकता है और मरीज़ अपाहिज बन जाता है। (अधिक विस्तार से देखिए – मधुमेह पाँव क्या है और कैसे बचें, पृष्ठ संख्या 82)

16. डायबिटीज़ एवं हृदय रोग

आज के आधुनिक युग की एक देन हृदय रोग या हार्ट-अटैक भी है जो कि कम उम्र के व्यक्तियों में भी देखा जा रहा है। हार्ट-अटैक के सम्भावित कारणों में 'मधुमेह' या 'डायबिटीज़' भी एक प्रमुख कारण है।

साइलेन्ट हार्ट-अटैक – अक्सर देखा गया है कि जिन मधुमेह रोगियों में एन्जाइना या हार्ट-अटैक होता है, वह 'साइलेन्ट' होता है अर्थात् उन्हें छाती में दर्द इत्यादि नहीं होता है और मरीज़ को केवल एकदम अत्यधिक कमज़ोरी आना, सांस फूलना, ठंडे पसीने आना या बेहोशी हो सकती है और कई बार मरीज़ की नींद में मृत्यु भी हो जाती है।

क्या आप जानते हैं?

– डायबिटीज़ रोगियों में दिल की बीमारी आम लोगों से काफी घातक और जल्दी होती है।

– डायबिटीज़ रोगियों में दिल की बीमारी होने की सम्भावना तीन से चार गुना अधिक होती है।

– मधुमेह रोगियों में 'हार्ट-अटैक' से मृत्यु होने की सम्भावना दो गुना अधिक होती है।

– मधुमेह रोगियों में 'हार्ट फेल' होने की सम्भावना 2 से 5 गुना अधिक होती है।

– एक तिहाई से भी अधिक मधुमेह रोगियों में मृत्यु का कारण दिल का दौरा होता है।

– मधुमेह स्त्रियों में 'रजोवस्था' के बाद दिल की बीमारी होने की सम्भावना 4 से 5 गुना अधिक होती है।

– धूम्रपान करने वाले मधुमेह रोगियों में 'एन्जाइना' एवं 'हार्ट-अटैक' अधिक होता है।

– मधुमेह रोगियों में बिना दर्द का 'साइलेन्ट हार्ट-अटैक' होता है।

हृदय रोग या हार्ट-अटैक के सम्भावित कारण

1. डायबिटीज़ या मधुमेह।
2. मोटापा (खासकर 'तोंद' का अधिक होना)।
3 रक्त में 'कोलेस्ट्राल' या चर्बी का अधिक होना।

4. एशिया महाद्वीप का निवासी (एशियन) होना।
5. 'हाई ब्लडप्रेशर' या उच्च रक्तचाप एवं धूम्रपान।

इस प्रकार मधुमेह रोगी अगर मोटा है एवं उसके रक्त में चर्बी अधिक है और अगर वह धूम्रपान या तम्बाकू का सेवन करता है, तो निश्चित रूप से हृदय रोग की सम्भावना बढ़ जाती है।

अगर मधुमेह अधिक समय से नियंत्रण में नहीं है, तो मधुमेही की हृदय की धमनियाँ सिकुड़ने से उसमें हृदय रोग की संभावना बढ़ जाती है। धूम्रपान करने वाले मधुमेही को एन्जाइना एवं हार्ट-अटैक अधिक होता है।

एन्जाईना या हार्ट-अटैक (सी.ए.डी., कोरोनरी आर्टरी डिसीज़) क्या है?

हमारे दिल के चारों तरफ मुख्यतया तीन धमनियां होती हैं, जिन्हें कोरोनरी आर्टीज़ कहा जाता है। इन धमनियों के द्वारा हृदय की मांसपेशियों को रक्त की पूर्ति होती है। जब किन्हीं कारणों से यह धमनियां पतली या बंद हो जाती हैं, तो उसे 'कोरोनरी आर्टरी डीसीज़' कहते हैं। इसके विभिन्न लक्षण हैं। चलने पर छाती में दर्द होना अथवा सांस फूलना और रुकने पर आराम मिलना (एन्जाईना), चक्कर या आँखों के आगे अंधेरा आना, कमज़ोरी तथा ठंडे पसीने आना।

जब हृदय की नाड़ियां 70 प्रतिशत से अधिक बंद हो जाती हैं तो उससे एन्जाइना होता है और जब वह पूरी बंद हो जाती हैं तो हृदय की मांसपेशियों का बड़ा भाग नष्ट हो जाता है, उसे हार्ट-अटैक कहते हैं जो कि एक ख़तरनाक बीमारी है, उसमें हार्ट फेल हो सकता है और रोगी की मृत्यु भी हो सकती है।

मधुमेह रोगियों में दिल की बीमारी आम लोगों से जल्दी एवं ज़्यादा प्राण-घातक होती है।

मधुमेह हृदय रोग

जिन मधुमेह व्यक्तियों में हृदय रोग हो जाता है, उन्हें आगे की जटिलताओं से बचने के लिए विभिन्न बातों का ध्यान रखना चाहिए जैसे –

- अपने शुगर को कंट्रोल में रखना।
- रक्तचाप पर नियंत्रण रखना।

- कोलेस्ट्राल को एक सीमा से कम रखना।
- धूम्रपान न करना।
- नियमित चिकित्सकीय सलाह।
- दवाइयों का नियमित सेवन।
- नियमित व्यायाम (चिकित्सकीय सलाह के मुताबिक)।
- ज़रूरत के मुताबिक ई.सी.जी., टी. एम.टी अथवा स्ट्रैस टेस्ट, ईको कार्डियोग्राफी अथवा एन्जियोग्राफी करवाना।

डायबिटीज़, हृदय रोग एवं बाईपास सर्जरी

जिन मधुमेह रोगियों की हृदय की धमनियां या रक्त नलिकाएं करीब-करीब पूरी बंद हो जाती हैं और जिन्हें दवाइयों से भी नहीं खोला जा सकता है या जिनमें 'बैलूनिंग' (बहुत महीन गुब्बारे के द्वारा कोरोनरी धमनी को खोलना) नहीं की जा सकती है, ऐसे व्यक्तियों में खून का दौरा शुरू करने के लिए बाईपास सर्जरी की जाती है।

बाई-पास सर्जरी क्या होती है?

उदाहरण के तौर पर अगर हमें एक स्थान से दूसरे स्थान पर जाना है और बीच में रास्ता किसी कारण से बंद मिलता है तो हम साइड के किसी मार्ग से होकर पुनः मुख्य मार्ग पर आकर अपने गंतव्य स्थान पर पहुंच जाते हैं। इसी प्रकार कोरोनरी धमनी बंद होने पर पैर या हाथ से नाड़ी निकालकर बंद से पहले एवं बंद के बाद में जोड़ दी जाती है जिससे रुके हुए रक्त का दौरा शुरू हो जाता है।

आमतौर पर यह देखा गया है कि जितने लोगों की बाई-पास सर्जरी होती है, उनमें करीब 50 प्रतिशत लोग मधुमेह रोगी होते हैं। सर्जरी से पहले मधुमेह रोगी की शुगर कंट्रोल की जाती है, तभी सर्जरी की जाती है। मधुमेही को अस्पताल में कुछ दिन पहले भर्ती किया जाता है। सर्जरी के पहले, दौरान तथा बाद में भी मधुमेह को नियत्रंण में रखना चाहिए। इसके लिए मधुमेह रोगी को इन्सुलिन के टीकों पर रखा जाता है।

मधुमेह रोगी में संक्रमण की संभावना अधिक होती है इसलिए सर्जरी के दौरान एंटीबायोटिक दवाइयों का खास ध्यान रखा जाता है। मधुमेह रोगियों के जख़्म भरने में अधिक समय लग सकता है। मधुमेह रोगी में बाई-पास सर्जरी के दौरान विभिन्न प्रकार की जटिलताएँ आ सकती हैं, लेकिन आज के आधुनिक युग में और मॉडर्न सर्जरी की तकनीक के द्वारा यह काम कम जटिलता वाला और बहुत आसान हो गया है।

बाई-पास सर्जरी के बाद भी मधुमेही रोगी को अपनी शुगर कंट्रोल में रखनी चाहिए और खाने में अधिक तली चिकनी चीजें, रेड मीट इत्यादि का सेवन कम करना चाहिए तथा नियमित व्यायाम करते रहना चाहिए।

हृदय रोग एवं बचाव

मधुमेह के मरीज़ को हार्ट-अटैक काफी गम्भीर प्रकृति का होता है, क्योंकि हृदय की सभी रक्त नलियों पर बीमारी का असर होता है और अक्सर एंजाइना या हार्ट-अटैक साइलेंट प्रकृति का होता है अर्थात् मरीज़ को दर्द की अनुभूति नहीं होती है और इस ग़लतफहमी में वह अपनी जाँच देर से करवाता है। सत्य यह है कि हृदय-रोग और डायबिटीज़ का बहुत पारस्परिक सम्बंध है। ऐसे लोगों में हृदय की जाँच हर वर्ष करवाते रहनी चाहिए। डायबिटीज़ को नियंत्रण में रखना चाहिए, रक्तचाप की जाँच एवं नियंत्रण और धूम्रपान कतई नहीं करना चाहिए। डॉक्टर से सलाह लेकर दवाइयों का सेवन करते रहना चाहिए।

कहते हैं रोग से बचाव उसके इलाज से आसान होता है (prevention is better than cure)। मधुमेह रोगी को अगर हृदय रोग से बचना है तो निम्नलिखित बातों का ध्यान रखना चाहिए –

- अपने वज़न का रिकॉर्ड
- ब्लड शुगर तथा कोलेस्ट्राल की नियमित जाँच
- रक्तचाप पर नियंत्रण
- नियमित व्यायाम
- धूम्रपान से बचें
- ई.सी.जी. साल में एक बार

– छाती का एक्सरे साल में एक बार

– टी.एम.टी. (स्ट्रैस टेस्ट)/ईको कार्डियोग्राफी तीन साल में एक बार

अगर चलने पर कभी-कभी छाती में दर्द होता है या ज़्यादा सांस फूलता है तो डॉक्टर की सलाह से हार्ट का स्क्रीनिंग टेस्ट (जैसे टी.एम.टी., ईको/कार्डियोग्राफी इत्यादि या एन्जियोग्राफी) करवानी चाहिए जिससे हार्ट-अटैक अथवा एंजाइना के बारे में पता चल सके।

17. मधुमेह एवं नेत्र रोग

जिस तरह दीमक धीरे-धीरे पूरी लकड़ी को खोखला कर देती है, उसी तरह मधुमेह का असर शरीर के हर अंग पर होता है और मधुमेह होने के बाद धीरे-धीरे हर एक अंग ख़राब होने लगता है। सामान्य व्यक्ति की तुलना में मधुमेह रोगी में अंधापन होने की संभावना 20 गुना अधिक होती है। भारतवर्ष में अंधत्व का तीसरा प्रमुख कारण मधुमेह रोग है।

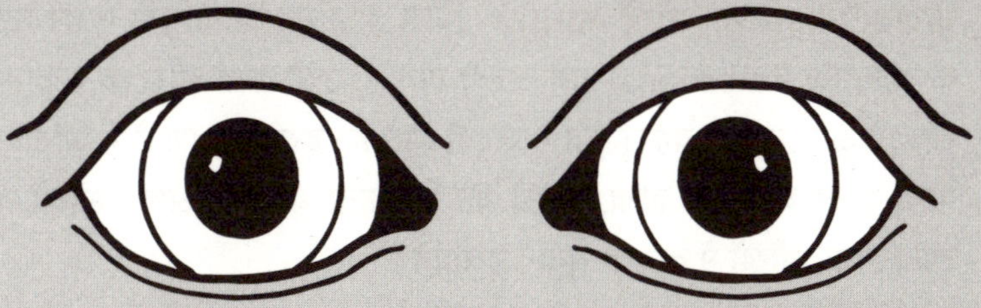

मधुमेही में अंधत्व के कारण

सबसे प्रमुख कारण है मधुमेह रोग की अवधि। अगर किसी व्यक्ति को मधुमेह रोग 30 वर्ष की उम्र के बाद हुआ है और उसका रोग 15 वर्ष से अधिक पुराना हो चुका है, तो उसके अंधे होने की संभावना अधिक होती है।

बच्चों एवं युवावस्था वाले रोगियों (टाईप-1 मधुमेह रोगियों) में मधुमेह की वजह से आँखों पर असर नहीं पड़ता है या देर से पड़ता है। टाईप-1 मधुमेह रोगियों में आंखों पर गंभीर रूप से असर पड़ने में 15 से 20 वर्ष का समय लगता है, जबकि टाईप-2 मधुमेह रोगियों में आँखों पर गंभीर असर 10 से 15 वर्षों में ही पड़ जाता है। अगर मधुमेह रोग बचपन में ही हो जाता है, तो जैसे-जैसे रोग पुराना होता जाता है तो इसका असर आँखों पर होने लगता है, लेकिन मधुमेह की अवधि के साथ-साथ मधुमेह का नियंत्रण में न रहना भी आँखें ख़राब होने का प्रमुख कारण होता है। यह देखा गया है कि जिन व्यक्तियों में ब्लड शुगर का स्तर लंबे समय तक 200 या 250 मिग्रा प्रतिशत या उससे अधिक रहता है और जो अपनी नियमित जाँच नहीं करवाते हैं, उनकी आँखों की रोशनी जल्दी चली जाती है और वे अंधे हो जाते हैं।

प्रमुख लक्षण

आँखों से पानी आना, आँखों में खुजली या रड़क, आँख के कटोरे या आँख के आसपास दर्द होना, चश्मे का नम्बर बार-बार और जल्दी-जल्दी बढ़ना, सिर-दर्द रहना, काले धब्बे दिखाई देना या दो-दो दिखाई देना, आँखों से एकदम दिखाई देना बंद हो जाना (sudden blindness) इत्यादि।

मधुमेह एवं विभिन्न नेत्र रोग

1. **कंजक्टीवाइटिस (आँखें आना)** – जिस तरह मधुमेह रोगियों में हर तरह के संक्रामक (infections) रोग जल्दी होते हैं, उसी तरह आँख के संक्रामक रोग भी आम आदमी की तुलना में जल्दी होते हैं। इसके लक्षण हैं – आँखों से पानी आना या रड़क होना, आँखों का चिपकना या गीड़ आना, आँखों का लाल होना, आँखों में दर्द या सूजन इत्यादि।
2. **चश्मे का नम्बर बार-बार बदलना** – रोगी में ब्लड शुगर बढ़ने या घटने से आँखों में धुंधलापन घटता-बढ़ता रहता है और दूर-पास का दिखना भी घटता-बढ़ता रहता है। इसीलिए मधुमेह रोगियों को अपने चश्मे का नम्बर भी बार-बार बदलना पड़ता है।
3. **काला मोतिया (Glucoma)** – मधुमेह रोगियों में काला मोतिया भी ज़्यादा होता है, जिसके लक्षण हो सकते हैं – आँखों में दर्द, सिर-दर्द, काले धब्बे दिखाई देना, इत्यादि।
4. **आँख की माँसपेशियों की कमज़ोरी** – इससे मरीज़ को एक की बजाए दो-दो चीजें दिखाई देती हैं, उसे अक्सर शाम के समय सिर-दर्द रहने लगता है और तकलीफ़ बढ़ने पर 'बाढ़ापन' (squint) भी हो सकता है।
5. **सफेद मोतिया या 'कैटेरेक्ट' (cataract)** – मोतियाबिन्द या कैटरेक्ट साधारणतया प्रौढ़ावस्था की बीमारी होती है, लेकिन मधुमेह रोगियों में यह रोग करीब 10 वर्ष जल्दी हो जाता है और अक्सर 30 से 40 की उम्र में ही इस रोग में आँख के काँच (lens) की पारदर्शिता कम होती जाती है और वह दूधिया होने लगता है, जिससे मधुमेह रोगी की शुरू में नज़र कम होने लगती है, उसे कम दिखाई देने लगता है और इलाज न कराने पर वह धीरे-धीरे अंधा हो जाता है।

6. **रेटाइनोपैथी (आँख के पर्दे का ख़राब होना)** – मधुमेह रोगी में यह सबसे गंभीर रोग होता है जो कि अंधत्व का कारण बनता है। इसमें शुरू में कम दिखाई देने लगता है और धीरे-धीरे आँख की रोशनी कम होती जाती है और ध्यान न रखा जाए तो मरीज़ अंधा हो जाता है। कभी-कभी आँख के पर्दे पर खून आ जाने के कारण व्यक्ति एकदम से भी अंधा हो सकता है। आँख के पर्दे के उखड़ने (retinal detachment) से भी यह स्थिति पैदा हो सकती है।

मधुमेह में नेत्र रोगों का उपचार

1. अगर मधुमेही अपने ब्लड शुगर को नियंत्रण में रखता है, तो उसके चश्मे का नंबर बार-बार नहीं बदलता है।

2. कंजक्टीवाइटिस – (आँख आना) के लिए विभिन्न प्रकार के आई-ड्राप्स (एंटीबायोटिक्स इत्यादि) दिये जा सकते हैं।

3. काला मोतिया (glucoma) का इलाज शुरू में दवाइयों के द्वारा किया जा सकता है, लेकिन बाद में तकलीफ़ बढ़ने पर ऑपरेशन करवाने की नौबत आ सकती है। इस बारे में आपका नेत्र विशेषज्ञ आपकी मदद कर सकता है।

4. केटरेक्ट के लिए नेत्र-विशेषज्ञ मोतियाबिन्द का ऑपरेशन करते हैं, जिसमें धुंधले लेन्स (lens) को निकालकर आँख का मोटा चश्मा दिया जाता है, जिससे मरीज़ को साफ दिखाई देने लगता है। आजकल IOL विधि में मरीज़ के धुंधले लेंस को निकालकर नया 'आर्टिफिशियल लेन्स' लगा दिया जाता है, जिससे मरीज़ की नज़र, बिना मोटा चश्मा लगाए ठीक हो जाती है, लेकिन यह विधि थोड़ी मंहगी होती है।

5. आँख की मांसपेशियों की कमज़ोरी के लिए आपका नेत्र-विशेषज्ञ कुछ नेत्र के व्यायाम (जैसे सायनेप्टोफोर मशीन पर) बता सकता है।

6. आँख के पर्दे की ख़राबी (रेटाइनोपैथी) – आपका नेत्र-विशेषज्ञ 'फंडोस्कोपी' नामक जाँच करके आँख के पर्दे की ख़राबी (रेटाइनोपैथी) का पता कर सकता है। शुगर के मरीज़ को बीमारी का पहली बार पता लगने के बाद यह जाँच हर वर्ष करवानी चाहिए। ज़रूरत के मुताबिक नेत्र-चिकित्सक पर्दे की

'एंजियोग्राफी' करके मधुमेह का पर्दे पर असर का पता कर सकता है। इसके बाद ज़रूरत पड़ने पर 'लेजर' द्वारा पर्दे का 'फोटो कोगुलेशन' ट्रीटमेंट करके 'रेटाइनोपैथी' के असर को बढ़ने से रोका जा सकता है। यह इलाज मंहगा (करीब 20,000 रू. तक) होता है और लेज़र के बाद यह ज़रूरी नहीं की आपकी नज़र ठीक हो जाए। कई बार पर्दे पर नई नाड़ियों के बनने के कारण दिखना कम हो जाता है (neo vascularisation)। इसके लिए आजकल आँख के अंदर एक विशेष 'इंजेक्शन' लगाया जाता है, जिसका इलाज बहुत मँहगा होता है। (करीब 30 से 40 हजार रूपये)। याद रखिए आँख के पर्दे की ख़राबी (रेटाइनोपैथी) के ये सभी इलाज महंगे होते हैं और 'रेटाइनोपैथी' के असर को बढ़ने से रोकने वाले होते हैं। मरीज़ की जितनी नज़र ख़राब हो चुकी होती है, उसमें सुधार की संभावना कम होती है।

मधुमेही अपनी आँखों को कैसे बचा सकता है?

अगर मधुमेही अपनी शुगर नियंत्रण में नहीं रखता, अपनी आँखों की नियमित जाँच नहीं करवाता है और बताई गयी सावधानियाँ नहीं बरतता है, तो उसकी नज़र धीरे-धीरे ख़राब होती जाती है और वह पूरी तरह अंधा हो जाता है।

सावधानियाँ

1. इसलिए सबसे ज़रूरी है, अपने 'ब्लड शुगर' को नियंत्रण में रखिए। नियमित व्यायाम करें, खाने पर नियंत्रण रखें, डॉक्टर की सलाह के मुताबिक गोलियाँ या इन्सुलिन लेते रहें।
2. टाइप-1 मधुमेह रोगियों में जिनकी बीमारी को 5 वर्ष से अधिक समय हो गया है, अपने नेत्र-विशेषज्ञ से जाँच करवानी चाहिये।
3. टाइप-2 मधुमेह रोगियों को हर साल अपनी आँखों की जाँच नेत्र-विशेषज्ञ से ज़रूर करवानी चाहिये।
4. अपनी आँखों को रोज़ाना अच्छी तरह साफ करिए और कोई भी लक्षण दिखने पर अपने मधुमेह-विशेषज्ञ या नेत्र-विशेषज्ञ की सलाह लें।
5. अगर ब्लड प्रेशर (उच्च रक्तचाप) है तो उसे नियंत्रित रखिए।

6. धूम्रपान तथा तंबाकू का इस्तेमाल बिल्कुल बंद कर दें।

अंत में अगर आप अपना मधुमेह एवं ब्लड प्रेशर नियंत्रण में रखते हैं, नियमित व्यायाम करते हैं और खाने पीने पर नियंत्रण रखते हैं, अपने डॉक्टर के कहने के अनुसार अपनी आँखों की नियमित जाँच करवाते रहते हैं, तो आप मधुमेह के कारण आँखों की गंभीर बीमारियों तथा अंधे होने से बच सकते हैं।

18. मधुमेह एवं गुर्दे (Kidney) की बीमारियाँ

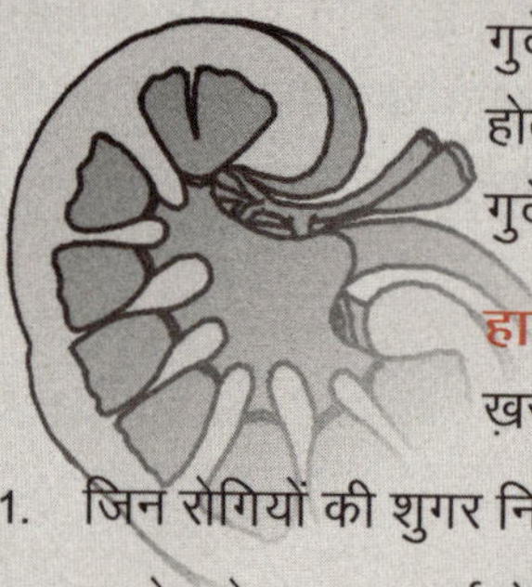

गुर्दे ख़राब होने का सबसे प्रमुख कारण मधुमेह रोग होता है। मधुमेह रोग जितना पुराना होता है, रोगी के गुर्दे ख़राब होने की संभावना उतनी ही ज़्यादा होती है।

हाई रिस्क ग्रुप – किन मधुमेह रोगियों में गुर्दे जल्दी ख़राब होते हैं?–

1. जिन रोगियों की शुगर नियंत्रण में नहीं रहती है।
2. मधुमेह रोग का 15 वर्ष से अधिक पुराना होना।
3. मधुमेह के साथ-साथ हाई ब्लड प्रेशर (B.P.) होना।
4. पेशाब में बार-बार इन्फेक्शन (संक्रमण) होना।
5. पारिवारिक इतिहास (फेमिली हिस्टरी) होना अर्थात् परिवार के अन्य मधुमेह रोगियों में गुर्दे ख़राब होने की तकलीफ़ रही हो।

पेशाब में 'प्रोटीन' का पाया जाना सबसे प्रमुख और पहला लक्षण होता है। सामान्य व्यक्ति के मूत्र में प्रोटीन नहीं पाया जाता है, परंतु जब मधुमेह रोग, मरीज़ के गुर्दे को प्रभावित करने लगता है, तो 'प्रोटीन' पेशाब में प्रकट होने लगता है। 'प्रोटीन' के बहुत कम मात्रा (24 घंटे के मूत्र में 300 मिग्रा से कम) में पेशाब में पाये जाने को 'माइक्रोएल्बूमिन यूरिया' कहा जाता है। ऐसी अवस्था में रोगी के मूत्र में 'झाग' आने लगती है। 'माइक्रोएल्बुमिन यूरिया' की जाँच आपका चिकित्सक अपने क्लिनिक में 'माइक्राल' नामक टेस्ट स्ट्रिप (जाँच पट्टी) के द्वारा कर सकता है और जाँच के लिए किसी लेबोरेटरी में भी भेज सकता है। अगर यह स्थिति निरंतर बनी रहती है, तो गुर्दे के हमेशा के लिए ख़राब होने की संभावना होती है, इसे 'एन्ड स्टेज रीनल डिसीज़' (End Stage Renal Disease) कहते हैं, इस अवस्था में मरीज़ को ज़िंदा रहने के लिए 'डायलिसिस' (मशीन द्वारा खून को छानना) करवानी पड़ती है या बाद में गुर्दा प्रत्यारोपण (kidney transplant) करवाना पड़ता है, जोकि एक महंगा और जटिल ऑपरेशन होता है।

लक्षण

सबसे पहले मरीज़ के पेशाब में 'झाग' आने लगती है, लेकिन यह ज़रूरी नहीं होता है। आँखों के नीचे सूज़न का आना खासकर सवेरे के समय, गुर्दे ख़राबी का अक्सर पहला लक्षण होता है। धीरे-धीरे पूरे चेहरे पर, पैरों पर, पेट पर एवं पूरे शरीर पर सूजन आ जाती है। जी मचलाना तथा उल्टी आना, हिचकियाँ लगना, भूख न लगना, कमज़ोरी, पूरे शरीर पर ख़ारिश, पेशाब की कमी होना इत्यादि भी गुर्दे की ख़राबी के लक्षण हो सकते हैं। ब्लड प्रेशर ज़्यादा होने के कारण सिर भारी रहना, साँस फूलना तथा चक्कर इत्यादि भी आ सकते हैं।

टाइप-2 मधुमेह रोगियों में यह हालत 5 से 10 प्रतिशत रोगियों में होती है। अक्सर यह देखा गया है कि ऐसे रोगियों में ह्रदय रोग भी साथ में होता है और मरीज़ की मृत्यु ह्रदय रोग ('हार्ट अटैक' या 'हार्ट फेलयर', heart attack; heart failure) के कारण होती है।

निदान (Diagnosis)

1. **माइक्रोएल्बुमिन यूरिया** – सामान्य व्यक्ति के मूत्र में प्रोटीन नहीं पाया जाता है। लेकिन मधुमेह का असर गुर्दों पर होने से पेशाब में प्रोटीन जाने लगता है। जब यह प्रोटीन कम मात्रा में अर्थात 24 घंटे के इकट्ठे किए हुए मूत्र में 300 मिग्रा से कम होता है तो इसे 'माइक्रोएल्बुमिन यूरिया' कहते हैं। इसकी जाँच चिकित्सक अपने क्लिनिक में 'माइक्राल' नामक जाँच-पट्टी (Test Strip) से भी कर सकता है।

2. **एल्बुमिन एक्सक्रिशन रेट (AER)** – जो रोगी 24 घंटे के मूत्र को इकट्ठा नहीं कर सकते हैं, उनमें 'एल्बुमिन एक्सक्रिशन रेट' से 4 घंटे के इकट्ठे किए हुए पेशाब से, गुर्दे की ख़राबी का पता किया जा सकता है।
3. **एल्बुमिन क्रिएटिनिन रेशो (Albumin/Creatinine Ratio)** – इस टेस्ट में एक बार में (spot sample) लिए गए मूत्र के नमूने से गुर्दों की ख़राबी का पता चल सकता है।

4. यूरिया एवं क्रिएटिनिन (urea and creatinine) – रक्त की जाँच कराने पर यूरिया एवं क्रिएटिनिन की मात्रा बढ़ जाती है तथा अन्य गुर्दे के टेस्ट (Kidney Function Tests या K.F.T.) ख़राब पाये जा सकते हैं।
5. रक्त में खून की कमी होने से 'हीमोग्लोबिन' कम पाया जाता है।
6. गुर्दों का अल्ट्रासाउंड करने पर उनके आकार का पता चलता है। गुर्दे की ख़राबी के अन्य कारणों से साधारणतया गुर्दे अंत में (ESRD अवस्था में) सिकुड़ जाते हैं। लेकिन मधुमेह के कारण जो गुर्दे ख़राब होते हैं, उनका आकार अंत में थोड़ा बड़ा हो जाता है।

शुगर से आपके गुर्दें ख़राब हो जाएं तो क्या करें?

वैसे तो बचाव ही सबसे उत्तम उपाय है, लेकिन फिर भी अगर आपके गुर्दें मधुमेह के कारण ख़राब होने लगे हैं या ख़राब हो गये हैं (ESRD) तो नीचे लिखे उपायों के जरिए तकलीफ़ को कम किया जा सकता है।

1. **मधुमेह का नियंत्रण** – गुर्दे ख़राब होने की असली जड़ मधुमेह है, उसे काटिए अर्थात् मधुमेह को नियंत्रण में रखिए। भूखे पेट (फास्टिंग) 100 मिग्रा से कम और नाश्ते के दो घंटे बाद (पी.पी.) 140 मिग्रा से कम। अगर आपकी ब्लड शुगर नियंत्रण में नहीं रहती है तो किसी अच्छे मधुमेह रोग-विशेषज्ञ से संपर्क करें और उसके दिए गए निर्देशों का पालन करें। नियमित व्यायाम करें और अपने डॉक्टर के कहने के मुताबिक उचित खान-पान लें। आपके ब्लड में 'क्रिएटिनिन' के बढ़ने के साथ आपका मधुमेह-विशेषज्ञ आपको मधुमेह नियंत्रण के लिए गोलियाँ (O.H.A.) बंद करके इन्सुलिन के इंजे़क्शन लेने की सलाह देगा, क्योंकि गुर्दे की ख़राबी बढ़ने के साथ अगर गोलियाँ (OHAs) दी जाएं तो यह गोलियाँ गुर्दे को जल्दी ख़राब करती हैं।
2. **रक्तचाप (B.P.) पर नियंत्रण** – अधिक ब्लड प्रेशर भी गुर्दे की ख़राबी को बढ़ाता है। इसलिए अपना B.P. 120/75 mm/Hg से अधिक न जाने दें। खाने में 'नमक' का कम उपयोग करें। ब्लड प्रेशर की नियमित जाँच करवाएं। अपने विशेषज्ञ की सलाह के मुताबिक 'ब्लड प्रेशर' की गोलियाँ लें। यहाँ मैं कुछ दवाइयों ACE इन्हीबिटर्स एवं ARB (जैसे लिपरिल, एनवास,

कार्डेस, लोसारटन एवं टेल्मी सारटान इत्यादि) का उल्लेख करना चाहूंगा। यह दवाइयाँ मधुमेह की प्रारंभिक अवस्था में गुर्दे के बंचाव एवं B.P. कंट्रोल के लिए दी जाती हैं। लेकिन जब गुर्दे ख़राब होने लगते हैं। (सिरम क्रिएटिनिन 2.5 mg. से अधिक होने लगे) तो इन दवाइयों को नहीं लेना चाहिये, अन्यथा रोगी के गुर्दे और तेजी से ख़राब होंगे।

3. **'कोलेस्ट्राल' का नियंत्रण** – शरीर में 'कोलेस्ट्राल' बढ़ने से भी गुर्दे जल्दी ख़राब होते हैं, इसलिए अपना 'लिपिड प्रोफाइल' नियमित रूप से करवाकर उन्हें कंट्रोल में रखना चाहिए। जैसे 'एल.डी.एल.' 100 मिग्रा से कम एवं T.G. 150 मिग्रा से कम। आपका कोलेस्ट्राल अधिक होने पर घी-तेल का उपयोग कम कर दें।

4. **खाने में प्रोटीन कम करें** – अगर गुर्दे ख़राब होने लग गये हैं तो अधिक मात्रा में प्रोटीन लेने से ख़राबी अधिक हो जाती है। अपने खाने में प्रोटीन की मात्रा कम कर दें, 4 से 6 ग्राम प्रतिदिन के हिसाब से। वेज़िटेरियन व्यक्ति दूध, दूध से बनी चीजों (जैसे दही, पनीर, इत्यादि), दालों, सोयाबीन इत्यादि का सेवन कम कर दे और नॉन-वेज़िटेरियन व्यक्ति माँस, मुर्गे तथा मछली इत्यादि का सेवन कम कर दें। याद रखिए प्रोटीन को एकदम बंद नहीं करना है, अन्यथा आपके शरीर का विकास रूक सकता है और अन्य व्याधियाँ पैदा हो सकती हैं।

5. **ACE इन्हीबिटर्स / ARBs** – गुर्दे की ख़राबी की प्रारंभिक अवस्था में (जैसे माइक्रोएल्बुमिन यूरिया), उपरोक्त दवाइयाँ गुर्दे बचाव में सहायक सिद्ध होती हैं। लेकिन गुर्दे की ख़राबी बढ़ने पर (साधारणतया सिरम क्रिएटिनिन के 2.5 मिग्रा से अधिक होने पर) इन दवाइयों का सेवन बंद कर देना चाहिये, अन्यथा गुर्दे और तेज़ी से ख़राब होते हैं।

6. **दर्द की दवाइयाँ न लें** – 'पेन किलर' या दर्द की दवाइयाँ (NSAID इत्यादि) भी गुर्दे ख़राबी में सहायक हो सकती हैं, इसलिए गुर्दे की ख़राबी की शुरूआत में ही दर्द की दवाइयाँ बंद कर देनी चाहिये। आपका मधुमेह विशेषज्ञ कुछ विशेष स्थितियों में गुर्दे के लिए सेफ (Safe) 'पेन किलर्स' बता सकता है।

7. **टॉरिन तथा एसीटाइलसिसटिन** – वैसे तो गुर्दे ख़राबी की अलग से कोई दवाई नहीं आती है, लेकिन टॉरिन तथा एसीटाइलसीसटीन नामक दवाइयाँ इस दशा में कुछ आशा की किरणें दिखाती हैं। हाल ही में ये दवाइयाँ भारत में उपलब्ध हो गयी हैं।

8. **'डायलिसिस' तथा 'प्रत्यारोपण' (Dialysis and Kidney Transplant)** – अगर ऊपर लिखी बातों का ध्यान रखने के बाद भी आपके गुर्दे ख़राबी की ओर बढ़ते हैं तो किसी गुर्दा-विशेषज्ञ (Kidney Specialist–Nephrologist) से संपर्क करिए। वह आपके गुर्दों की स्थिति के मुताबिक ESRD में डायलिसिस अर्थात् मशीन द्वारा रक्त की सफाई की सलाह दे सकता है, जिससे व्यक्ति कुछ वर्षों तक जिंदा रह सकता है, उचित व्यक्ति (डोनर) का गुर्दा मिलने पर गुर्दा प्रत्यारोपण (Kidney Transplant) के द्वारा रोगी की जान बचाई जा सकती है, लेकिन यह एक मंहगी और पेचीदा शल्य-चिकित्सा होती है (खर्चा करीब 3 से 4 लाख रुपये)।

मधुमेह के कारण गुर्दे की ख़राबी से बचाव

कहते हैं रोग के इलाज से उसका बचाव ज़्यादा अच्छा होता है । (prevention is always better than cure) अगर शुरू से ही मधुमेह को कंट्रोल में रखकर कुछ बातों का ध्यान रखा जाए तो 'एंड स्टेज रीनल डिसीज़' (ESRD गुर्दों का पूरी तरह ख़राब होना), डायलिसिस तथा गुर्दा प्रत्यारोपण (Renal Transplant) से बचा जा सकता है। गुर्दे की ख़राबी की तकलीफ़ों से बचने के लिए नीचे लिखी बातों का ध्यान रखना चाहिए –

1. अपने ब्लड शुगर को कंट्रोल में रखिए। अपने मधुमेह विशेषज्ञ के मुताबिक गोलियों (OHAs) या इन्सुलिन का उपयोग करिए। याद रखिए 200 या 250 मिग्रा की शुगर, जिसमें अधिकत्तर मधुमेह रोगी को कोई खास तकलीफ़ नहीं होती है, अगर बहुत वर्षों तक चलती रहे तो, ऐसे मधुमेह रोगियों के कुछ वर्षों बाद गुर्दे ख़राब हो सकते हैं।

2. ब्लड प्रेशर नियमित रूप से चेक करवाते रहें। शुगर के साथ ब्लड प्रेशर का अधिक होना गुर्दों, हार्ट इत्यादि के लिए घातक होता है।

3. डॉक्टर के कहे मुताबिक 'कोलेस्ट्राल' की जाँच कराके उसे नियंत्रण में रखिए।

4. खाने में प्रोटीन की मात्रा, गुर्दे पर असर के बाद कम कर देनी चाहिए।

5. अपने डॉक्टर की सलाह के बिना कोई दवाई न लें, क्योंकि हो सकता है कुछ दवाइयाँ (जैसे दर्द-निवारक गोलियाँ तथा एक्स-रे के समय दिए जाने वाले विशेष इंजे़क्शन जैसे I.V. Contrast) इत्यादि आपके गुर्दों को ख़राब कर सकती हैं।

6. शुरुआत में तथा हर वर्ष पेशाब में प्रोटीन (माइक्रोएल्बुमिन यूरिया) तथा रक्त में यूरिया एवं क्रिएटिनिन (आर. एफ.टी.) की जाँच ज़रूर करवाएँ।

7. धूम्रपान न करें और जहां तक हो सके, शराब से परहेज़ करें।

अंत में अगर मधुमेह रोगी अपनी ब्लड शुगर, ब्लड प्रेशर एवं कोलेस्ट्राल को नियंत्रण में रखते हुए कुछ जाँचें नियमित रूप से करवाता रहे, तो वह गुर्दे की विभिन्न समस्याओं से बच सकता है।

19. मधुमेह पाँव - क्या है और कैसे बचें

क्या आप जानते हैं कि शुगर के मरीज़ों में अस्पताल में भरती होने का सबसे बड़ा कारण मधुमेह पाँव (Diabetic Foot) होता है। 15 प्रतिशत शुगर के मरीज़ों को एवं 6 में से 1 शुगर के मरीज़ की ज़िंदगी में कम-से-कम एक बार foot ulcer (पैरों में जख़्म) होता है और उनमें से 5 से 10 प्रतिशत व्यक्तियों का पैर काटना पड़ता है। पूरी दुनिया में बिना चोट लगे जो पैर काटने पड़ते हैं उसमें आधे से ज़्यादा मधुमेह पाँव होते हैं।

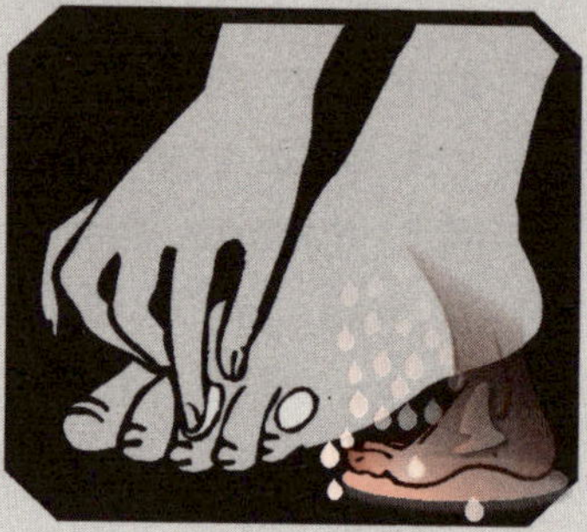

मधुमेह पाँव का कारण

मधुमेह रोगी में दो कारणों से पैर की विभिन्न तकलीफ़ें होती हैं। एक तो पूरे शरीर के साथ-साथ पैर की नाड़ियों (Arteries) में खून की रुकावट होना जिससे टाँगों एवं पैरों में खून का पूरा दौरा नहीं होता है। दूसरा पैर की स्नायु (nerves) ख़राब हो जाती हैं। मधुमेह रोगी की त्वचा में संक्रमण (infection) होने का अधिक ख़तरा होता है क्योंकि इन रोगियों के रक्त और पसीने में अधिक ग्लूकोज़ उपस्थित होने के कारण कीटाणुओं को वृद्धि के लिए उपयुक्त वातावरण प्राप्त हो जाता है। स्नायु (nerves) के ख़राब होने से किसी प्रकार के दर्द या गर्म-सर्द का आभास नहीं होता है और इस स्थिति में पैर में कोई चोट लग जाने पर या छाला पड़ जाने पर पता ही नहीं चलता है। कई बार मरीज़ के जूतों में मवाद के दाग या खून देखकर जख़्म का पता चलता है और कई बार देर होने पर पैर के जख़्म में सड़ाव या गेंगरीन हो जाती है जिससे पैर की अंगुलियाँ या पूरा पैर काटना पड़ सकता है।

आपको मधुमेह पाँव होने की अधिक संभावना है अगर

1. आपकी शुगर ठीक नहीं रहती है (uncontrolled diabetes)
2. आपके शुगर को 10 वर्ष से अधिक समय हो गया है।

3. आप पुरुष (male) हैं।
4. आपको शुगर के अन्य दुष्परिणाम भी हैं, जैसे दिल की बीमारी, लकवा, गुर्दे अथवा आँखों की ख़राबी।
5. आप धूम्रपान करते हैं। धूम्रपान करने वाले व्यक्तियों की नाड़ियाँ जल्दी बंद हो जाती हैं।

मधुमेह पाँव के लक्षण

1. संवेदनहीनता। पैर में कील, कंकर चुभने पर या ज़्यादा ठंडी/गर्म चीज लगने पर कम पता चलना या पता नहीं चलना।
2. पैरों में या तलवों में बहुत तेज़ दर्द/जलन या झनझनाहट।
3. चलते हुए महसूस होना कि आप रूई पर चल रहे हैं।
4. पैरों की चमड़ी का काला होना या काले-काले धब्बे पड़ना।
5. चलते हुए पैरों में से चप्पल का निकल जाना।
6. पैरों में 'कैलस' या कॉर्न (गोखरू) का होना।
7. पैरों के नाख़ूनों का मोटा और भंगुर होना।
8. पैरों में अधिक cracks या जख़्म/कट इत्यादि का होना और जख़्म का न भरना।
9. पैर में काले बदबूदार जख़्म (Gangrene) का होना।

पैरों की उचित देखभाल

क्या करें (Do's)

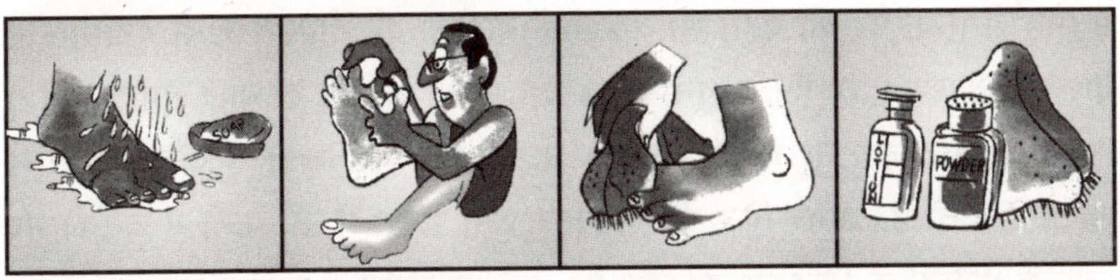

1. अपने पैरों को रोजाना दिन में दो बार धोइये और अंगुलियों के बीच की जगह को खासकर सूखी रखें और टेलकम पाउडर का उपयोग करें।

2. अपने पैरों को रोजाना (एक बार) अच्छी तरह देखें (तलवे को दर्पण से देखें) और अगर कोई भी मधुमेह पांव का लक्षण पाते हैं तो तुरंत अपने मधुमेह विशेषज्ञ या 'पोडियाट्रिस्ट' से संपर्क करें।
3. सर्दी में ऊनी और गर्मी में सूती मोजे पहनें।
4. हमेशा सही नाप के और आरामदायक जूते पहनें और पहनने से पहले जूते के अंदर कंकर या कील इत्यादि जाँच लें।
5. अपने नाख़ूनों को सीधा काटिये।
6. नियमित रूप से व्यायाम करिए।

क्या न करें (Dont's)

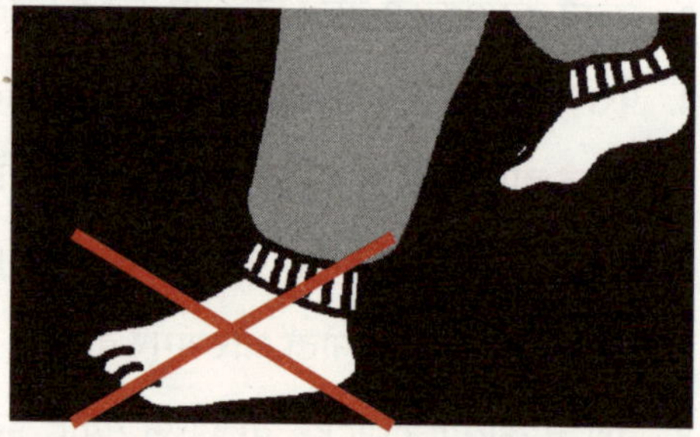

1. नंगे पैर घास पर तो क्या घर में भी न चलें।
2. ऊँची एड़ी के जूते या 'सैंडल' तथा ऐसे जूते जो कि आगे से सँकरे हों, न पहनें।
3. नायलोन के मोजे न पहनें।
4. पैर के कैलस या कॉर्न (corn) के लिए 'कॉर्न कैप' का उपयोग न करें। उसे खुद काटने की कोशिश न करें और किसी 'पोडियाट्रिस्ट' की सहायता लें।
5. धूम्रपान न करें और शराब के सेवन से बचें।

नाख़ूनों को काटना

मधुमेह रोगी के पैर की बहुत सी तकलीफ़ें नाख़ूनों की ठीक तरह से देखभाल न करने के कारण होती हैं। नाख़ूनों को हमेशा नहाने के बाद या कुछ समय पानी में रखने के बाद काटना चाहिए। इससे नाख़ून नर्म पड़ जाते हैं और काटने में आसानी होती है। अगर फिर भी आपके नाख़ून सख़्त हैं, तो पानी में चुटकी भर 'बोरिक ऐसिड' के क्रिस्टल डालकर पैर डुबोकर रखने से नाख़ून नरम पड़ जाते हैं। कभी भी चाकू या कैंची से नाख़ून न काटिए, 'नेल कटर' का उपयोग करिए। नाख़ून बहुत छोटे मत काटिए और चमड़ी को बचाते हुए नाख़ून काटिए। सबसे

प्रमुख बात है, नाख़ूनों को कभी भी गोल नहीं काटना चाहिए अर्थात् उनकों किनारों से नहीं काटना चाहिए, बल्कि नाख़ूनों को सीधा काटना चाहिये। नाख़ूनों को काटने के बाद फाइलर (filer) से घिस लेना चाहिए। अगर नाख़ून पर सफेद या काले धब्बे पड़ गये हों तो तुरन्त अपने मधुमेह विशेषज्ञ या 'पोडियाट्रिस्ट' से सलाह लेनी चाहिए।

कॉर्न (Corn) या गोखरू से बचाव

कॉर्न उच्च दबाव (pressure points) वाली जगह पर होता है। जैसे अंगूठे के नीचे या कसे हुए जूते के स्थान पर। ऐसे जूते पहनें जो नये एवं आरामदायक हों। सख्त या कसे हुए नहीं हों। कॉर्न की शुरुआत में चमड़ी मोटी होने लगती है, उसमें दर्द होने लगता है और बाद में जख़्म भी बन सकता है। चमड़ी के किसी एक जगह मोटी होने पर साबुन मिले गुनगुने पानी में पैर को 10 मिनट के लिए रखिए, उसके बाद उस बढ़ी हुई जगह को तौलिए से रगड़िए जिससे वो ख़त्म हो जाएगी। पैरों की अंगुलियों एवं पैरों को चलाते रहें एवं बहुत ऊँची एड़ी के जूते न पहनें।

मधुमेह पांव से बचाव

1. अपने डॉक्टर के पास नियमित रूप से जाईये और अपनी शुगर और ब्लड प्रेशर को नियंत्रण में रखिए।
2. कम-से-कम साल में एक बार अपने मधुमेह विशेषज्ञ से पैरों की संपूर्ण जाँच अवश्य करवाईये।
3. सोने से पहले रोजाना पैरों की अच्छी तरह जाँच करें और पैरों को धोकर सोएं।
4. पैरों पर छोटी सी खरोंच, छाला या जख़्म होने पर तुरंत डॉक्टर को दिखाएं।
5. पैरों की हीटिंग पैड या गर्म पानी की बोतल से सिकाई न करें या सर्दी के दिनों में पैरों को हीटर के बहुत पास न रखें।
6. कम मुंह वाली जुराबें न पहनें नहीं तो रक्त का बहाव रुक सकता है।
7. धूम्रपान न करें।

20. मधुमेह रोगी का वज़न घटना या बढ़ना

जैसाकि हम जानते हैं कि 80-85 प्रतिशत से अधिक मधुमेह रोगी मोटे होते हैं। लेकिन मधुमेह का पता चलने के बाद और इलाज शुरू करने के बाद मधुमेह के रोगी का कई बार वज़न और अधिक बढ़ने लगता है या घटता चला जाता है।

मधुमेह रोगी का और अधिक मोटा होना

इसके विभिन्न कारण हो सकते हैं –

1. जब आपका चिकित्सक मधुमेह नियंत्रित करता है, तो पहले तो वज़न कम होना बंद हो जाता है, फिर रोगी का वज़न बढ़ने लगता है।
2. मधुमेह रोगी अपने खान-पान का ध्यान नहीं रख रहा है। घी-तेल, तली-चिकनी चीजें, आलू, चावल अथवा 'जंक फूड' इत्यादि ज़्यादा ले रहा है।
3. वह नियमित या बिल्कुल भी व्यायाम नहीं कर रहा है।
4. मधुमेह रोगियों, ख़ासकर स्त्रियों में 'हाइपोथायरॉइड' की बीमारी होने से भी वज़न बढ़ने लगता है।
5. मधुमेह की अधिकांशतः दवाइयाँ – ख़ासकर 'ग्लिटाजोन्स' – वज़न को बढ़ाती हैं।

बढ़ते वज़न को कैसे रोकें?

1. अपने खान-पान का ध्यान रखें और 'जंक फूड' से बचें।
2. नियमित व्यायाम के लिए जाइये। नहीं तो हफ़्ते में 5 बार आधे घंटे के लिए तेज़ चलिए।
3. आपका मधुमेह-विशेषज्ञ बढ़ते वज़न को रोकने के लिए OHAs में कुछ हेर-फेर कर सकता है।
4. थायरॉइड (T3, T4, TSH) की जाँच करने पर अगर आपको 'लो' या 'हाइपोथायरॉयडिज़्म' होता है, तो उसकी दवाई शुरू करिए। आपका वज़न ज़रूर घटेगा।

मधुमेह रोगी का वज़न लगातार घटना

मधुमेह रोगी के इलाज से पहले और इलाज शुरू करने के बाद भी लगातार वज़न घट सकता है, जिसके निम्नलिखित कारण हो सकते हैं –

1. जब मधुमेह नियंत्रण में नहीं रहता है, तो शरीर ग़लता है, और मधुमेही का वज़न घटता चला जाता है।
2. जब डायबिटिक रोगी खान-पान पर ज़रूरत से ज़्यादा नियंत्रण करके बहुत कम खाने लगता है।
3. युवावस्था में मधुमेह का एकदम पता चलने पर कई बार मरीज़ (खासकर लड़कियाँ) 'डिप्रेशन' का शिकार होकर खाना-पीना छोड़ देती हैं।
4. मधुमेह की कुछ दवाइयाँ, जैसे बॉयगुनाइड्स (मेट फोर मीन – ऑबीमेट, ग्लायसीफेज़ इत्यादि) भी वज़न को कम कर देती हैं।
5. जब मधुमेह रोगी किसी अन्य रोग, जैसे टी.बी., हाइपरथायरॉयड (थायरॉयड हार्मोन की अधिकता) अथवा लंबे समय तक उल्टी-दस्त की बीमारी से ग्रसित हो जाता है, तब भी उसका वज़न लगातार घटता चला जाता है।

घटते वज़न को कैसे रोकें?

1. अपनी मधुमेह नियंत्रित करवाइये। अपने मधुमेह-विशेषज्ञ के पास नियमित रूप से जाइये।
2. 'डायटिशियन' की मदद से अपने भोजन की मात्रा तथा प्रकार को नियंत्रित करिए।
3. अगर गोलियों (OHAs) से आपकी मधुमेह नियंत्रित नहीं होती है, तो मधुमेह-विशेषज्ञ के कहे मुताबिक इन्सुलिन के टीके लगवाने शुरू करिए। इन्सुलिन से वज़न के कम होने को एकदम रोका जा सकता है।
4. आपका डॉक्टर OHAs में हेर-फेर करके वज़न के कम होने को रोक सकता है।
5. अन्य रोगों (जैसे टी.बी., हाइपरथायरॉयड, इत्यादि) के होने पर उनका इलाज करवाइये।

21. डायबिटिक रोग में कोई अन्य अस्वस्थता

शुगर का मरीज़ भी किसी आम व्यक्ति की तरह किसी अन्य रोग, जैसे बुखार, उल्टी-दस्त आदि का शिकार बन सकता है। बल्कि यह देखा गया है कि डायबिटिक रोगी के शरीर में रोगों से लड़ने की ताकत कम होती है (low body resistance), इसीलिए उसे आम बिमारियाँ ख़ासकर संक्रमण (infections) इत्यादि जल्दी घेरते हैं। मधुमेह रोगी में अत्यंत छोटी-सी बीमारी भी जल्दी फैलती है और अगर ध्यान न रखा जाए, तो इसके गंभीर परिणाम हो सकते हैं।

आम बीमारी के समय क्या करें?

1. तुरंत अपने डॉक्टर से सलाह लें और कहने के मुताबिक दवाइयाँ परिवर्तित करें।
2. यदि आप बीमार हैं और आपसे खाना नहीं खाया जा रहा है, तो तरल पदार्थ लें, जैसे – फ्रूट जूस, सूप इत्यादि।
3. डॉक्टर के कहने के मुताबिक ज़रूरत पड़ने पर इन्सुलिन का टीका शुरू कर दें।
4. बीमारी के दौरान ब्लड ग्लूकोज़ तथा मूत्र में शुगर एवं कीटोन्स की जाँच करवाते रहें।
5. यदि ब्लड शुगर सामान्य से अधिक है और मूत्र में कीटोन्स आते हैं, तो तुरंत डॉक्टरी सहायता लें।

क्या न करें?

1. खाना बंद न करें, तरल खाद्य पदार्थ, सूप, जूस इत्यादि लें।
2. यदि आप बीमार हैं और आपने खाना नहीं खाया है, तो इस स्थिति में भी इन्सुलिन लेना बंद न करें, अपने डॉक्टर से सलाह लेकर इन्सुलिन के डोज में कमी करें।
3. अतिरिक्त व्यायाम न करें।
4. ख़तरनाक संकेतों (जैसे – ब्लड शुगर का 250 मिग्रा प्रतिशत से अधिक होना, साँस का तेज चलना या सांस से पके फलों की बदबू आना या पेशाब में कीटोन का पाया जाना अथवा बेहोशी आना, इत्यादि) को न टालें। तुरंत अपने डॉक्टर से सलाह लें।

22. मधुमेह नियंत्रण के लक्ष्य

अमेरीका, यूरोप, जापान आदि देशों में टाइप-1 एवं टाइप-2 मधुमेह रोगियों पर किए गए सर्वेक्षणों से यह स्पष्ट हो गया है कि अगर मधुमेह रोग पर उचित नियंत्रण रखा जाए तो इस रोग की दूरगामी जटिलताओं (chronic complictions) को टाला जा सकता है या उन्हें बढ़ने से रोका जा सकता है। ऐसा कोई बिन्दु नहीं है जिसके बाद नियंत्रण कार्य नहीं करता है। आप अभी जिस भी नियंत्रण की स्थिति में हैं, उसमें सुधार लाया जा सकता है। जितनी जल्दी आप बेहतर नियंत्रण प्राप्त करेंगे, उतना ही अच्छा होगा और आप मधुमेह की दूरगामी परेशानियों से बचे रहेंगे या उन्हें टाल सकेंगे। आपकी शुगर (diabetes) जितनी ज़्यादा समय तक अनियंत्रित रहेगी, जटिलताओं का ख़तरा उतना ही अधिक होगा।

मधुमेह नियंत्रण का अर्थ विभिन्न मधुमेह रोगियों में अलग-अलग हो सकता है। कुछ मधुमेह रोगी इसके लक्षणों के नियंत्रण को ही मधुमेह का नियंत्रण मान लेते हैं, जो कि ग़लत है। मधुमेह को 'साइलेंट किलर' के नाम से भी जाना जाता है। इसीलिए आपको अगर कोई तकलीफ़ या मधुमेह का लक्षण नहीं है, तो इसका मतलब यह हरगिज़ नहीं है कि आपकी मधुमेह नियंत्रित है। मधुमेह रोगी के लिए मधुमेह के लक्षणों तथा ब्लड शुगर का नियंत्रण पर्याप्त हो सकता है, लेकिन आपका चिकित्सक यह सुनिश्चित करना चाहेगा कि मधुमेह के साथ आने वाली समस्याएं जैसे रक्तचाप पर नियंत्रण, रक्त में वसा की मात्रा इत्यादि भी नियंत्रण में रहें और मधुमेह से होने वाली दीर्घकालीन समस्याएं रोकी जा सकें या उन्हें और बढ़ने से रोका जा सके।

मधुमेह नियंत्रण के लक्ष्य

मधुमेह से होने वाली दीर्घकालीन समस्याओं (chronic complications) को रोकने के लिए कुछ लक्ष्य निर्धारित किए गए हैं, जो नीचे दी गई तालिका से विदित हैं।

	अच्छा	ठीक-ठाक	ख़राब
भूखे पेट ब्लड शुगर (mg%)	110 से कम	126 से कम	126 से अधिक
नाश्ते के 2 घंटे बाद ब्लड शुगर (mg%)	140 से कम	180 से कम	180 से अधिक
ग्लायकोसायॅलिटेड हीमोग्लोबिन (HbAIC)	6 से कम	7 से कम	7 से अधिक
ब्लड प्रेशर (mmHg)	120 / 80 से कम	130 / 85 तक	130 / 85 से अधिक
ट्राइग्लिसराइड (T.G. mg%)	150 से कम	180 से कम	180 से अधिक
एल.डी.एल. कोलेस्ट्रॉल (LDL) mg%	100 से कम (70 तक)	130 से कम	130 से अधिक

दुनिया के महानतम डायबिटीज़ स्पेशलिस्ट 'डॉ. एलिएट पी. जोसलिन' के मुताबिक जो मधुमेह रोगी इस रोग के बारे में अधिक-से-अधिक जानकारी रखता है, वह एक लम्बी और स्वस्थ ज़िंदगी जीता है। मधुमेह को अच्छी तरह नियंत्रण करने हेतु आपको अपने रोग को अच्छी तरह समझना होगा। आपका चिकित्सक आपके लक्ष्य पाने में आपकी मदद कर सकता है, लेकिन अपने रोग को संभालने में आपकी भूमिका सबसे अहम् होगी। मधुमेह नियंत्रण के लिए आवश्यक है कि आपकी जीवनचर्या व्यवस्थित हो, आपके खान-पान, व्यायाम तथा दवाइयों में उचित संतुलन हो, ताकि आप अपने अपेक्षित परिणाम प्राप्त कर सकें। अपने चिकित्सक द्वारा विभिन्न परीक्षणों के लिए दिए गए निर्देशों का पालन करें ताकि वह आपके रोग के प्रबन्ध का सर्वोत्तम उपाय निर्धारित कर सके।

23. शुगर के मरीज़ की नियमित जाँच

शुगर अथवा डायबिटीज़ एक लम्बी बीमारी है, जो कि पूरी ज़िंदगी चलती है। इससे होने वाली विभिन्न तकलीफ़ों से बचने के लिए कुछ जाँचें नियमित रूप से करवानी चाहिए। रेग्यूलर लेब टैस्ट मधुमेह प्रबन्धन का एक अभिन्न हिस्सा है, जिससे चिकित्सक मधुमेह रोग के नियंत्रण का पता लगा सकता है एवं उनके आधार पर आहार, व्यायाम एवं दवाइयों इत्यादि के कार्यक्रम में परिवर्तन करके अच्छे परिणाम दे सकता है। मधुमेह नियंत्रण के मूल्यांकन के लिए कौन-सी जाँच कब आवश्यक है, इसका निर्धारण आपका चिकित्सक करेगा, आप उनसे इन परीक्षणों का पूछ सकते हैं तथा अपनी आवश्यकता अनुसार इन जाँचों को करवा सकते हैं। मधुमेह रोगी में सामान्यतः की जाने वाली नियमित जाँचें इस प्रकार हैं –

1. **नियमित रक्त ग्लूकोज़ जाँच या मूत्र ग्लूकोज़ जाँच** – आपके मधुमेह रोग के मुताबिक आपका चिकित्सक ब्लड शुगर की जाँच करवाता है। शुरुआत में या जब आपकी शुगर 'कंट्रोल' में नहीं होती है, तो वह एक दिन में ब्लड शुगर पाँच या छह बार भी जाँच करने के लिए कह सकता है। लेकिन साधारणतया शुरुआत में ब्लड शुगर की जाँच, टाइप-1 मधुमेह रोगियों में, हर तीसरे दिन की जाती है, और जो रोगी गोलियों पर होते हैं (टाइप-2 मधुमेह रोगी), उनमें हफ्ते में एक बार ब्लड शुगर की जाँच की जाती है। एक बार ब्लड शुगर कंट्रोल होने के बाद आपको अपने फास्टिंग तथा पी.पी. ब्लड शुगर की जाँच हर महीने, ज़िंदगी भर करवानी चाहिए।

2. शुगर कंट्रोल होने के बाद –

– गुर्दे (Kidney) की कार्यशैली को जाँचने हेतु, रक्त और मूत्र परीक्षण।
– आंखों में दृष्टि तथा पीछे के पर्दे (रेटिना) की जाँच।
– रक्त में वसा का परीक्षण (लिपिड जाँच)।

3. हर तीन महीने में –

– ग्लाइकोसाइलेटिड हीमोग्लोबिन की रक्त में जाँच, एवं
– वसा की जाँच (अगर बढ़े हुए हों)।

4. हर साल –

– आंखों की पूरी जाँच (रेटिना) इत्यादि।
– गुर्दे की जाँच (रक्त तथा मूत्र द्वारा)
– ई.सी.जी. (मधुमेह रोगियों में ह्रदय रोग तीन से चार गुना अधिक होता है, और साइलेंट होता है)।
– छाती का एक्स-रे (मधुमेह रोगियों में टी.बी. का अंदेशा अधिक होता है)
– वी.पी.टी. (पैरों में सुन्नपन की जाँच)।

5. हर तीन साल में

– टी.एम.टी. (स्ट्रेस टेस्ट)
– इकोकॉर्डियोग्राफी

कौन-सी जाँच कितनी बार की जानी चाहिए, इसका निर्धारण आपका चिकित्सक करेगा। आपके सहयोग से आपके चिकित्सक को यह समझने में आसानी रहेगी कि उसका इलाज कितना सफल हो रहा है और किसी परिवर्तन की आवश्यकता तो नहीं है। अगर कुछ परीक्षण आपको खुद करने के लिए कहे गए हैं तो उन्हें निर्देशों के मुताबिक करके, अपने पास विधिवत् नोट कर लें और अगर कोई गड़बड़ी पाएं तो अपने चिकित्सक से परामर्श करें। नियमित जाँच से मधुमेह नियंत्रण पर कड़ी निगरानी रखी जा सकती है और यह चिकित्सा में सुधार लाने के लिए उपयोगी है। याद रखिए, नियमित जाँच मधुमेह इलाज की आधारशिला है और यही बेहतर नियंत्रण का राज़ है।

24. मधुमेह एवं गर्भावस्था

गर्भधारण हर विवाहित स्त्री का सुनहरा सपना होता है और स्वस्थ शिशु का आगमन हर एक दंपति की ज़िंदगी को खुशियों से भर देता है। गर्भावस्था के दौरान मधुमेह का पता चलना एक वज्रपात के समान लग सकता है, लेकिन समय रहते अगर कुछ बातों का ख्याल रखा जाये, तो मधुमेही स्त्री भी एक स्वस्थ शिशु को जन्म दे सकती है।

मधुमेह आजकल एक आम बीमारी बन गयी है, जो स्त्री या पुरुष दोनों को समान रूप से प्रभावित कर सकती है। मधुमेह रोगी स्त्रियाँ सामान्य गर्भधारण कर सकती हैं। लेकिन कई बार मधुमेह रोग के बारे में स्त्री को पहले से पता नहीं होता है और यह प्रकट भी नहीं होता है, परंतु एकाएक गर्भधारण के बाद इसका पता चलता है।

गर्भावस्था में मधुमेह होने के कारण – गर्भावस्था के दौरान 'प्लासेन्टा' (एक झिल्ली, जिससे शिशु माँ से जुड़ा रहता है) से निकले कुछ हार्मोन्स के कारण गर्भवती स्त्री में साधारणतया 30 प्रतिशत अधिक इन्सुलिन पैदा होती है। लेकिन कभी-कभी किन्हीं कारणों से इन्सुलिन के पैदा होने में या अधिक मात्रा मे बनने में कोई विघ्न पड़ जाता है, तो गर्भावस्था में मधुमेह हो जाती है।

गर्भावस्था में मधुमेह होने के लक्षण – अधिकतर स्त्रियों के गर्भावस्था में मधुमेह होने पर कोई लक्षण नहीं पाया जाता है और खून की जाँच से ही मधुमेह का पता चलता है, लेकिन गर्भवती स्त्रियों में बार-बार पेशाब के लिए जाना एवं बार-बार प्यास का लगना मधुमेह के लक्षण हो सकते हैं।

गर्भधारण करने के पहले – गर्भधारण के पहले छः हफ्ते माता एवं शिशु दोनों के लिए ही बहुत महत्त्वपूर्ण होते हैं क्योंकि इन्हीं छः हफ्तों में शिशु के शरीर के अंग बनते हैं और यह एक ऐसा समय होता है, जब अधिकतर महिलाओं को अपनी गर्भावस्था के बारे में भी ज्ञान नहीं होता है। इसलिए गर्भधारण करने से पहले ही स्त्री को अपने डॉक्टर से सलाह लेनी चाहिए और मधुमेह की जाँच करवानी चाहिए।

गर्भावस्था से पहले, होने वाली माता का ब्लड शुगर भूखे पेट 110 मिग्रा से कम और नाश्ते के दो घंटे बाद 155 मिग्रा से कम होना चाहिए। आपका डॉक्टर शुगर की गोलियाँ बंद करके ज़रूरत के मुताबिक इन्सुलिन की शुरुआत कर सकता है या आपको 'फोलिक एसिड' की एक गोली रोज़ाना लेने को कह सकता है।

वैसे तो गर्भावस्था के दौरान हर एक स्त्री को ब्लड शुगर की जाँच करवानी चाहिए (गर्भावस्था के 24 से 28वें सप्ताह में) लेकिन नीचे लिखी परिस्थितियों में स्त्रियों को गर्भावस्था का पता चलते ही ब्लड शुगर की जाँच करवा लेनी चाहिए –

1. अगर परिवार में डायबिटीज़ के रोगी हों।
2. मोटापा।
3. गर्भधारण के समय 25 वर्ष से अधिक उम्र।
4. पेशाब में शक्कर का होना।
5. बिना कारण गर्भ में बच्चे की मृत्यु होना।
6. बड़े आकार (4 किग्रा से अधिक) के शिशु को जन्म देना।
7. शिशु में पैदाइशी कमियाँ होना।

गर्भावस्था में डायबिटीज़ की जाँच विशेष ग्लूकोज़ टेस्ट से की जानी चाहिए –

समय (खाली पेट एवं 100 ग्राम ग्लूकोज़ खाने के बाद)	ब्लड शुगर
खाली पेट	95 मि.ग्राम प्रतिशत
एक घंटे बाद	180 मि.ग्राम प्रतिशत
दो घंटे बाद	155 मि.ग्राम प्रतिशत
तीन घंटे बाद	140 मि.ग्राम प्रतिशत

गर्भावस्था के दौरान मधुमेह के लक्ष्य

गर्भावस्था के दौरान मधुमेही स्त्री की शुगर कन्ट्रोल में रहनी चाहिए ताकि वह खुद और शिशु गर्भावस्था के दौरान स्वस्थ रह सके। भूखे पेट ब्लड शुगर 106 मिग्रा से कम और नाश्ते के दो घंटे के बाद 130 मिग्रा से कम होनी चाहिए और पेशाब में 'कीटोन्स' नहीं होने चाहिए।

टाइप-2 डायबिटीज़ और गर्भवती महिलाएं

कई बार ऐसा होता है कि गर्भवती महिला को मालूम है कि उसे डायबिटीज़ है और वह इसके लिए गोलियाँ खा रही है और वह डॉक्टर के पास गर्भधारण के 3-4 महीने के बाद सलाह के लिए जाती है। यह ख़तरनाक हो सकता है, क्योंकि यह देखा गया है कि ऐसी स्थिति में शिशु के शरीर में विकृति होने की संभावना बढ़ जाती है एवं प्रसव के पूर्व और प्रसव के दौरान जटिलताएँ बढ़ जाती हैं।

इसलिए गर्भधारण से एकदम पहले और गर्भावस्था के दौरान हर स्त्री को अपनी शुगर की गोलियाँ बंद कर देनी चाहिए तथा उसकी जगह इन्सुलिन के टीके का प्रयोग करना चाहिए।

शुगर नियंत्रण – समय-समय पर मूत्र एवं रक्त में शर्करा का स्तर नापते रहना चाहिए। यह देखा गया है कि अगर गर्भवती महिला के ख़ून में शक्कर का स्तर 145 मिग्रा से अधिक एक या दो अवसरों पर रहता है, तो ऐसी महिलाओं को इन्सुलिन के टीके की आवश्यकता होती है। इन्सुलिन की मात्रा का नियंत्रण आपका चिकित्सक करता है। पूरे दिन में एक टीके से काम चल सकता है। प्यूरिफाइड या ह्यूमन इन्सुलिन का उपयोग सुरक्षित होता है।

आपका चिकित्सक आपको हर सप्ताह मूत्र में कीटोन्स की जाँच के बारे में भी कह सकता है।

याद रखिए गर्भधारण से पहले एवं गर्भावस्था में 'शुगर की गोलियों' का प्रयोग नहीं करना चाहिये और अपने डॉक्टर के कहने के मुताबिक इन्सुलिन का उपयोग करना चाहिये।

गर्भावस्था में वज़न बढ़ना – जैसे-जैसे गर्भावस्था पूर्णता की ओर अग्रसर होती है, गर्भ में शिशु का आकार बढ़ने के साथ माता का वज़न बढ़ने लगता है।

मधुमेही स्त्रियों का वज़न गर्भावस्था के पहले तिमाही में आधे से एक किलो बढ़ना चाहिये ओर उसके बाद हर हफ्ते 300 से 500 ग्राम वज़न बढ़ना चाहिये।

गर्भवती माता का खानपान – मधुमेही गर्भवती स्त्रियों के खाने का कार्यक्रम ऐसा होना चाहिये जिससे ब्लड शुगर नियंत्रण में रहे –

1. पूरी कैलोरी शरीर को मिल सके, जिससे मां और शिशु दोनों को ज़रूरत के मुताबिक आहार मिल सके।

2. फालतू वज़न न बढ़े।

3. सामान्य वज़न की स्त्रियों में 30 से 40 कैलोरी प्रति किग्रा के हिसाब से कैलोरी का चुनाव करना चाहिए। मोटी मधुमेही गर्भवती स्त्रियों में 15 से 25 कैलोरीज़ प्रति किग्रा के हिसाब से कैलोरीज़ का चुनाव करना चाहिए।

माँ एवं शिशु में संभावित परेशानियाँ – मधुमेही स्त्री में अगर गर्भावस्था में शुगर का ध्यान न रखा जाए तो विभिन्न प्रकार की परेशानियाँ पैदा हो सकती हैं।

1. **माँ में होने वाली परेशानियाँ** – ब्लड प्रेशर का बढ़ना और पैरों में सूजन आना, शुगर का बार-बार कम होना, गर्भद्रव्य या शिशु द्रव्य का अधिक होना। प्रसव के दौरान सिज़ेरियन (पेट काटकर) बच्चे को निकालना पड़ सकता है और गर्भपात भी हो सकता है।

2. **शिशु में होने वाली परेशानियाँ** – शिशु का आकार सामान्य से अधिक होना (3.7 किग्रा से अधिक) शिशु में शारीरिक विकृतियाँ, प्रसव के दौरान कंधे का फंसना, जन्मोपरांत शुगर का कम होना (हाइपोग्लाइसीमिया) या पीलिया का होना, शिशु की गर्भावस्था के दौरान मृत्यु या मृत शिशु का जन्म।

प्रसव के समय – हर डायबिटीज़ गर्भवती स्त्री को प्रसव के लिए अच्छे एवं बड़े अस्पताल में जाना चाहिए, जहाँ पर सभी प्रकार के विशेषज्ञ एवं सुविधाएँ उपलब्ध हों, जिससे माँ एवं बच्चे दोनों के जीवन को कोई ख़तरा न हो।

प्रसव के समय अगर शिशु का वज़न 4 किग्रा से अधिक हो या कुछ अन्य कारणों से चिकित्सक, 'सिज़ेरियन' (ऑपरेशन द्वारा बच्चे के जन्म) की सलाह दे सकता है।

प्रसव के बाद मधुमेही गर्भवती स्त्री की इन्सुलिन कम हो जाती है या बंद हो जाती है। उसके उपरांत स्त्रियों को डॉक्टर के कहने के मुताबिक कुछ जाँचें करवानी चाहिए ताकि आगे जाकर कोई दिक्कत न हो।

स्तनपान – मधुमेह रोगी स्त्रियाँ सामान्य स्त्रियों की तरह शिशु को स्तनपान करवा सकती हैं लेकिन 'हाइपो' (ब्लड शुगर का कम होना) का अंदेशा बना रहता है, इसलिए अपने खान.पान पर विशेष ध्यान रखना चाहिए।

बचाव एवं निदान – माँ एवं शिशु का जीवन ऐसी अवस्था में माँ के मधुमेह नियंत्रण पर निर्भर करता है। अगर माँ के रक्त में शक्कर का स्तर भूखे पेट 106 मिग्रा से कम तथा नाश्ते के दो घंटे बाद 130 मिग्रा से कम रहता है तो किसी भी प्रकार के दुष्परिणाम से बचा जा सकता है।

इसलिए हर मधुमेही स्त्री को 'एंटीनेटल क्लीनिक' में पंजीकृत करवाना चाहिये और डॉक्टर के कहने के मुताबिक समय-समय पर मूत्र तथा रक्त में शक्कर एवं मूत्र में कीटोन्स की जाँच करवाते रहना चाहिये। इसके अलावा समय-समय पर अल्ट्रासाउंड करवाना चाहिये ताकि शिशु के बारे में पता चल सके कि नॉर्मल शिशु है या कोई दोष है। इस प्रकार अगर कुछ बातों का ध्यान रखा जाए तो इसमें कोई संदेह नहीं है कि मधुमेही स्त्रियाँ भी माँ बन सकती हैं और जिन स्त्रियों को गर्भावस्था के दौरान मधुमेह का पता चलता है, वो भी एक स्वस्थ एवं सुन्दर शिशु को जन्म दे सकती हैं।

25. मधुमेह के साथ यात्रा

छुट्टियाँ आते ही अधिकतर व्यक्ति अपने परिवार के साथ पर्यटन स्थलों की यात्रा करते हैं। अगर आपको मधुमेह है और आपको यात्रा पर जाना है, तो घबराइये नहीं, मधुमेह रोग आपको कहीं आने-जाने से नहीं रोकता है। लेकिन आपकी यात्रा ज़्यादा आरामदायक और सुरक्षित हो, इसके लिए आपको कुछ सावधानियाँ बरतनी पड़ेंगी, विशेषकर जब आप इन्सुलिन लेते हों, ताकि आपकी यात्रा और छुट्टियों का मजा किरकिरा न हो। जब आप घर से दूर हों, और किसी भी संकट या आपातकालीन स्थिति का सामना करने के लिए तैयार हों, तो यात्रा का ज़्यादा आनंद उठा पायेंगे और मानसिक दबाव भी कम रहेगा। यात्रा एवं पर्यटन के समय खान-पान और व्यायाम इत्यादि नियमित नहीं रहते हैं, इसीलिए मधुमेह रोगी अगर नीचे लिखी बातों का ध्यान रखे, तो उसकी यात्रा आरामपूर्वक हो सकती है।

यात्रा के लिए तैयारी

यात्रा शुरू करने से पहले आप अपने चिकित्सक से अपनी यात्रा-योजना के संबंध में बात करें। आपकी शुगर की स्थिति के अनुसार आपका चिकित्सक आपको सलाह दे सकता है कि आपको पहाड़ों पर या मैदानी इलाकों में या समुद्रतटीय प्रदेशों में पर्यटन के लिए जाना चाहिये अथवा नहीं। आपके मधुमेह नियंत्रण पर आपके नये रूटीन का क्या प्रभाव पड़ेगा, इसके बारे में अपने चिकित्सक से सलाह करें। जहाँ आप जा रहे हैं, वहाँ डॉक्टरी सहायता कहाँ और कैसे मिल सकती है।

इसका पहले ही से पता लगा लें। अगर आप परिवार या मित्रों के साथ हों तो उन्हें बताकर रखें कि संकट में वे कैसे आपकी मदद कर सकते हैं?

अपने साथ क्या-क्या ले जायें –

1. अपने चिकित्सक का नुस्खा जिसमें आपकी दवाइयों के नाम लिखे हों। अपने चिकित्सक से दवाइयों के 'जैनेरिक' नाम भी लिखवा लें तो बेहतर होगा, विशेषकर आप जब विदेश दौरे पर जा रहे हैं या किसी सुदूर स्थान पर जा रहे हों क्योंकि जिस 'ब्राण्ड' की दवाई आप ले रहे हैं, हो सकता है वो 'ब्राण्ड' वहाँ उपलब्ध न हो।
2. अपने डॉक्टर के फोन नंबर।
3. अपने डॉक्टर से एक चिट्ठी लिखवा लें, जिसमें मधुमेह नियंत्रण के बारे में लिखा हो।
4. अपना 'मधुमेह पहचान-पत्र' जिसमें आपका नाम, पता, उम्र, टेलिफोन नं., दवाइयाँ जो आप ले रहे हों, इत्यादि का वर्णन हो।
5. शुगर की दवाइयाँ जैसे गोलियाँ, इन्सुलिन की शीशियाँ, इन्सुलिन पैन, इन्सुलिन सीरिंज़ें, सूइयाँ, इन्सुलिन कॉर्ट्रिज़, अल्कोहल स्वाब इत्यादि।
6. अन्य दवाइयाँ – जैसे ब्लड प्रेशर, हार्ट इत्यादि की दवाइयाँ और हो सके तो उल्टी, दस्त, बुख़ार इत्यादि की दवाइयाँ भी ले लें।
7. अपना ग्लूकोमीटर (अगर घर में रखते हों तो) और उसकी ग्लूकोस्ट्रिप्स।
8. लेनसेट तथा लेनसेट डिवाइस।
9. कुछ खाने की चीजें – जैसे शुगर की गोलियाँ तथा शुगर की थैली, ग्लूकोगॉन का इन्ज़ेक्शन (लो या हाइपोग्लाइसीमिया के लिए), मीठे बिस्कुट, जैम के डिब्बे, शीतल पेय, ब्रेड।
10. एक जूते की जोड़ी (अलग से)।
11. मोजे, गर्मी में सूती तथा सर्दी में ऊनी बिना सिलाई (सील) के तथा जिनके मुंह पर टाइट इलास्टिक न लगी हो।
12. धूप से बचाव के लिए टोपी या हैट तथा सन-स्क्रीन क्रीम।
13. धूप का चश्मा।

14. ओवरसीज़ ट्रेवल, मेडिकल इंश्योरेंस कार्ड, यदि ज़रूरी हो।
15. फर्स्ट-एड किट।

याद रखिए जितने दिन के लिए आपकी यात्रा निश्चित है, उससे 4-5 अधिक दिनों के लिए शुगर की दवाइयाँ अपने साथ लेकर जायें।

आपको यात्रा नहीं करनी चाहिए अगर –

1. आपका ब्लड शुगर बहुत ज़्यादा हो – जैसे भूखे पेट (फास्टिंग) 200 मिग्रा. से अधिक या नाश्ते में दो घंटे बाद (पी.पी.) 300 मिग्रा से अधिक या HbAIC 9 प्रतिशत से भी अधिक हो।
2. आपकी इन्सुलिन की ख़ुराक़ बहुत ज़्यादा है या आप शुगर घटाने वाली गोलियों की अधिक मात्रा ले रहे हों।
3. आपकी मधुमेह 'ब्रिटल डायबिटीज़' हो, अर्थात् इन्सुलिन पर निर्भरता के बावजूद ब्लड शुगर बहुत घटता-बढ़ता रहता हो, लो ब्लड शुगर स्तर आसानी से हो जाता है या मधुमेह संबंधित 'किटोन पोइजनिंग' होती हो।
4. यात्रा का समय लंबा हो या लंबा हो जाए और लंबे समय को पूरा करना हो तो तनाव आसानी से बढ़ जाता है, जिससे बीमारी को नियंत्रण में रखने के प्रयास प्रभावित होते हों।

ज़्यादा बीमार रोगियों को यात्रा पर जाते समय चाहिए कि किसी ऐसे व्यक्ति को साथ रखें जो मधुमेह से पीड़ित लोगों की देखभाल से परिचित हो।

इन्सुलिन का यात्रा के दौरान रख-रखाव

आपकी इन्सुलिन अगर बहुत ज़्यादा गर्म या बहुत ज़्यादा ठंडी रहती है, तो वह ख़राब हो सकती है। गर्मी के मौसम में अगर ठंडी में रखने की सुविधा नहीं है, तो एक छोटे थर्मस में पानी डालकर बर्फ़ के टुकड़े डाल दें और उसमें इन्सुलिन की शीशियाँ डाल दें और गंतव्य स्थान में पहुंचने पर ठंडी जगह – जैसे रेफ्रीज़रेटर में रखें। हवाई यात्रा के दौरान इन्सुलिन को अपने साथ 'कैरिज़ लगेज़' में रखें थर्मोकोल की डब्बी या कपड़ों के बीच।

विदेश यात्रा

मधुमेह रोगी अगर विदेश जा रहा है, तो उसे कुछ विशेष बातों का ध्यान रखना होता है –

1. विदेश यात्रा से पहले अपने विशेषज्ञ डॉक्टर का पर्चा, जिसमें दवाइयों के जैनेटिक नाम लिखे हों ज़रूर लेकर चलिए क्योंकि विदेश में 'ब्रांड नेम' अलग होते हैं।
2. अपना मधुमेह पहचान-पत्र ज़रूर लेकर जाएं, ताकि आपातकाल में आपका नाम, पता, फोन नं. जो आप दवाइयाँ ले रहे हैं तथा आपके चिकित्सक का नाम इत्यादि पता चल सके।
3. अपने डॉक्टर की चिट्ठी लेकर जाइये जिसमें यह लिखा हो कि आप इन्सुलिन पर निर्भर रहने वाले मधुमेही हैं। कस्टम एजेंट अब मधुमेह से पीड़ित रोगियों से परिचित हो चुके हैं इसलिए आपके लिए कोई समस्या नहीं होगी।
4. विदेश यात्रा पर जाएं तो ऐसी घड़ी साथ रखें जो अपने देश और जहां आप गये हैं वहाँ, दोनों का समय बताए, इससे आहार और दवाइयों के ताल-मेल बैठाने में आसानी होगी।
5. सिक्युरिटी चेक के लिए जाते समय अपने ग्लूकोमीटर या इन्सुलिन पर एक्स-रे के प्रभावों की बिल्कुल चिंता मत करिए, अगर ऐसा कुछ हुआ तो अपने ग्लूकोमीटर की जाँच करवाइए।
6. ब्लड शुगर की गोलियाँ देश के मूल समय पर लें और स्वदेश आगमन पर दवाइयाँ अपने पुराने तरीके से लेना शुरू करें।
7. लो शुगर या हायपोग्लाइसिमिया से निपटने के लिए अपने साथ शुगर की थैली, शुगर कैंडी या मीठे बिस्कुट अपने कैरिज़ लगेज़ में रखें।
8. लम्बी यात्रा के दौरान अपने पैरों में रक्त-संचार को ठीक रखने के लिए पैरों को हिलाते रहिए और हो सके तो एक-दो घंटे में थोड़ा उठकर चलें।

26. मधुमेह एवं शराब

आज के आधुनिक युग में ख़ासकर पार्टियों में, शराब का सेवन एक रीति-रिवाज़ बन गया है। पार्टियों में शराब का परोसना एक 'फैशन' समझा जाता है। किसी पार्टी में अगर 'शराब' न हो तो कहा जाता है कि 'यह पार्टी भी कोई पार्टी थी ?'

मधुमेह रोगी को वैसे तो जहां तक हो सके, शराब से बचना चाहिए लेकिन कई बार मधुमेह रोगी को ऐसी पार्टियों में जाना पड़ता है। तब उसके दिमाग में कई प्रकार के सवाल उमड़ते हैं, जैसे –

- क्या मैं शराब पी सकता हूँ?
- मैं कौन-सी शराब पी सकता हूँ?
- मैं कितनी मात्रा में शराब पी सकता हूँ।
- शराब पीने से मुझे कोई 'रिएक्शन' तो नहीं हो जायेगी?
- गोलियाँ या इन्सुलिन शराब के पहले, साथ में या बाद में लेनी हैं?

आइये इन सब सवालों के जवाब ढूंढते हैं।

अल्कोहल (शराब) का शरीर पर असर

शराब एक ऐसा पेय पदार्थ है जिससे नशे के अलावा सिर्फ कैलोरी ही मिलती है, जिसका कोई पौष्टिक मूल्य नहीं होता है, अर्थात् इससे प्रोटीन, वसा या कार्बोहाइड्रेट प्राप्त नहीं होते हैं।

शराब के सेवन के 5 मिनट बाद ही इसका स्तर रक्त में बढ़ने लगता है, जो कि आधे से एक घंटे के अंदर अपनी चरम सीमा पर पहुंच जाता है। अल्कोहल का

पाचन लिवर (ज़िगर) के द्वारा किया जाता है। शराब अगर कम समय में और अधिक मात्रा में ली जाए तो यह 'मस्तिष्क' की कार्य-क्षमता को भी प्रभावित करती है। शराब का अगर लंबे समय तक तथा अधिक मात्रा में सेवन किया जाये तो 'लिवर' ख़राब हो जाता है।

शराब से हाइपोग्लाइसीमीया

हमारे शरीर के 'लीवर' में ऊर्जा 'ग्लाइकोजन' नामक पदार्थ के रूप में संग्रहित रहती है। जब कभी भी 'भूखे पेट' अवस्था में रक्त में शर्करा की मात्रा कम होती है, तो ज़िगर या लिवर का यह 'ग्लाइकोजन' शुगर में बदल जाता है और रक्त में शुगर की मात्रा एक नियमित स्तर (normal level) पर आ जाती है। परंतु जब हम शराब का सेवन करते हैं, तो 'लिवर' रक्त में से अल्कोहल को हटाने में ही लगा रहता है एवं रक्त में ग्लूकोज़ की मात्रा कम हो जाती है। ख़ाली पेट शराब का सेवन करने पर ऐसा अधिक होता है एवं ऐसे लोगों में ब्लड शुगर की मात्रा कम होने से प्राण भी जा सकते हैं, यह स्थिति और भी ख़तरनाक हो सकती है, अगर मधुमेह रोगी साथ में 'शुगर की गोलियाँ' (OHAs) भी खा रहा हो।

ऐसा व्यक्ति अगर लो शुगर में बेहोश भी हो जाता है, तो उसके रिश्तेदार यह सोचकर कि शराब के 'नशे में होगा', उपचार नहीं कराते हैं। साथ-ही-साथ ऐसा रोगी नशे के कारण 'लो शुगर' के लक्षणों को भी नहीं पहचान पाता है। इन दोनों ही कारणों से रोगी की 'सीवीयर हाइपोग्लाइसीमिया' (रक्त में शुगर का स्तर बहुत ही कम होना) के कारण मृत्यु भी हो जाती है। इसलिए कभी भी ख़ाली पेट शराब का सेवन न करें और गोलियों को शराब के साथ न लें। एक और बात मधुमेह रोगी को ध्यान में रखनी चाहिये कि शराब लेने के एकदम पहले या बाद व्यायाम नहीं करना चाहिये – जैसे शाम को क्लबों (clubs) में गोल्फ, टेनिस, तैराकी इत्यादि के पहले या बाद में बीयर या व्हिस्की इत्यादि का सेवन करने से ब्लड शुगर बहुत कम हो सकती है।

शराब के शरीर पर अन्य असर

1. शराब से शरीर में भोजन का संतुलन बिगड़ जाता है और "कैलोरीज़" में गड़बड़ी के कारण लंबे समय तक शराब पीने वाले मधुमेह रोगियों की शुगर अक्सर अनियंत्रित रहती है।

आइये देखें, किस प्रकार की शराब से कितनी कैलोरीज़ मिलती है।

शराब के प्रकार	मात्रा	कैलोरीज़
डेजर्ट वाइन (wine)	1 वाइन ग्लास / 103 ml	141
टेबल वाइन (wine)	1 वाइन ग्लास / 103 ml	87
व्हिस्की (whisky)	1 जुगत / 42 ml	97
बीयर (Beer)	1 ग्लास / 240 ml	101
रम (Rum)	1 जुगत / 42 ml	97
जिन (Gin)	1 जुगत / 42 ml	97
ब्रान्डी (Brandy)	1 परोस / 30 ml	73
वोदका (Vodka)	1 जुगत / 42 ml	97
शैम्पेन (Shampain)	1 शैम्पेन ग्लास / 102 ml	87

2. जो लोग 'फेन फोरमिन' या 'मेट फोरमिन' (ग्लाइसीफेज़ एक्सरमेट, ग्लूकोमेट, ओबीमेट इत्यादि) खाते हैं, अगर वो शराब का भी सेवन करते हैं, तो शरीर में लेक्टिक एसिड (एक प्रकार का कैमिकल) का स्तर एक सीमा से अधिक बढ़ जाता है और रोगी ''लेक्टिक एसीडोसिस' के कारण बेहोश हो सकता है, जो कि जानलेवा परिस्थिति हो सकती है। अतः इस प्रकार की गोलियों के साथ शराब का सेवन नहीं करना चाहिए।

3. इन सब बातों को देखते हुए जहां तक हो सके मधुमेह रोगी को शराब का सेवन नहीं करना चाहिए। लेकिन फिर भी किसी कारणवश आपको 'शराब' लेनी ही पड़ जाये, तो निम्न बातों के बारे में सोच लें –
    1. क्या आपका ब्लड शुगर नियंत्रण में है? अगर आपकी शुगर कंट्रोल में नहीं है, तो शराब पीने से मधुमेह का नियंत्रण और गड़बड़ा जाएगा और आप बड़ी मुसीबत में फ़स सकते हैं।
    2. क्या आपको मधुमेह की कोई जटिलता (complication) तो नहीं है – जैसे न्यूराइटिस (डायबिटिक फुट – पैरों में सुन्नपन, जलन या दर्द),

उच्च रक्तचाप (High B.P.), नेफ्रोपैथी (गुर्दे की ख़राबी)। इन सब परिस्थितियों में शराब लेने से अधिक परेशानी महसूस हो सकती है।

3. आप किस प्रकार की शराब और कितनी मात्रा में ले सकते हैं।

मधुमेह एवं शराब – याद रखिए

1. शराब के प्रकार, मात्रा के बारे में अपने चिकित्सक से सलाह कर लें।
2. कभी भी ख़ाली पेट शराब न लें।
3. शराब लेने के तुंरत पहले, बीच में या बाद में व्यायाम या exertion न करें।
4. शराब को नियंत्रण (limit) में पीजिए, जहां तक हो सके, एक पैग (30 ml) या ज़्यादा से ज़्यादा 2 हल्के पैग लीजिए।
5. इस प्रकार की शराब पियें जिसमें अल्कोहल की मात्रा कम हो – जैसे हल्की बीयर, लाइट वाइन या ड्राय वाइन।
6. कॉकटेल से बचें, खासकर जिनमें उच्च कार्बोज़ युक्त पेय हों।
7. शराब को dilute करके (पानी में मिलाकर) पियें ताकि उसको पीने में अधिक समय लगे, उसका असर धीरे-धीरे और कम हो ताकि 'हाइपो' की परिस्थिति में आप 'लो शुगर' के लक्षण पहचानकर उसका समय रहते इलाज कर सकें।
8. शराब के साथ मधुमेह की गोलियाँ (O.H.A.) न लें।

अंत में मैं यही कहना चाहूंगा कि जहां तक हो सके मधुमेह के रोगी को शराब के सेवन से बचना चाहिए, लेकिन किसी मजबूरी में अगर शराब लेनी भी पड़े, तो ऊपर लिखी बातों का ध्यान रखकर वह अपने शुगर को नियंत्रण में रख सकता है और इससे होने वाली तकलीफ़ों से बच सकता है।

27. बच्चों एवं वृद्धों (बूढ़ों) में डायबिटीज़

बच्चों में डायबिटीज़

जैसाकि हम जानते हैं, टाइप-1 डायबिटीज़ जिसे आई.डी.डी.एम. भी कहते हैं, अधिकांशतः बच्चों एवं युवावस्था में पायी जाती है। यह डायबिटीज़ अधिकांशतः इन्सुलिन डिपेन्डेन्ट होता है अर्थात् इन बच्चों को जिंदा रहने के लिए इन्सुलिन की ज़रूरत होती है। आज से 85 वर्ष पूर्व जब तक इन्सुलिन का आविष्कार नहीं हुआ था, तो इस तरह के मधुमेही बच्चे असमय मृत्यु का ग्रास बनते थे। लेकिन पिछले सालों में इन्सुलिन के टीके, गोलियों और इलाज के नये-नये तरीक़ों की ख़ोज़ होने से इस बीमारी का ज़ल्दी-से-t+Ynh पता चल जाता है और समय रहते मधुमेह की दूरगामी परेशानियों से बचा जा सकता है। बड़े व्यक्तियों तथा बच्चों के मधुमेह में फर्क होता है। बच्चों में मधुमेह अधिकांशतः एकदम प्रकट होती है, बच्चे के अग्नाशय में इन्सुलिन बनाने वाली कोशिकाएं (आईलेट सैल्स) किन्हीं कारणों से स्वतः ही नष्ट हो जाती हैं। इस स्वतः नष्ट होने वाली प्रणाली की शुरुआत कैसे होती है, इसकी जानकारी अभी तक नहीं है, लेकिन ऐसा माना जाता है कि कुछ 'वायरस' संक्रमण (इंफेक्शन) के कारण स्वतः प्रतिरक्षण (ऑटोइम्यून) प्रणाली इन्सुलिन बनाने वाली कोशिकाओं को नष्ट कर देती है।

बच्चों में होने वाली टाइप-1 डायबिटीज़ को जुवेनाइल (Juvenile) डायबिटीज़ या 'कीटोसिस प्रोन' (Ketosis Prone) डायबिटीज़ भी कहते हैं क्योंकि इन बच्चों के खून में शुगर की मात्रा बहुत अधिक तथा इन्सुलिन की कमी होने से पेशाब में शुगर के अलावा कीटोन बोडीज़ (ketone bodies) भी होती हैं। इन बच्चों को अगर इन्सुलिन न दी जाए तो ऐसे बच्चे बेहोशी (कोमा) में चले जाते हैं और कई बार जान भी चली जाती है।

लक्षण

टाइप-1 से ग्रसित बच्चे अधिकत्तर दुबले-पतले होते हैं, बार-बार पेशाब के लिए जाना, खासकर रात में कई बार पेशाब के लिए उठना, बहुत अधिक भूख लगना, पैरों में अकड़ाव, तथा दर्द। अगर आपका बच्चा स्कूल में, पहले अच्छे नम्बर लाया करता था, लेकिन अब अन्य बच्चों से वह पिछड़ रहा है या थका-थका रहता है, चिड़चिड़ाहट या अधिक गुस्सा करने लग गया है, तो जाँच करवाइये। हो सकता है उसे मधुमेह हो गयी हो। बच्चों में वज़न कम होते जाना व बार-बार फोड़े-फुन्सियाँ निकलना भी मधुमेह के लक्षण हो सकते हैं।

इलाज

बच्चों में मधुमेह का नियंत्रण बड़ों से मुश्किल होता है क्योंकि बच्चे इतने समझदार नहीं होते हैं, जितने बड़े। वे अपनी इच्छा के मालिक होते हैं। इच्छा हुई तो खा लिया, इच्छा न हुई तो कुछ खाये बगैर खेलते रहे। इससे इन्सुलिन के इंज़ेक्शन का असर आने पर 'हाइपो' में जाने की संभावना होती है। खासकर यह तकलीफ़ स्कूल में हो सकती है, जब बच्चा आपकी नज़र से दूर होता है।

बड़ों की तरह बच्चों का इलाज भी मुख्यतः तीन तरीकों से किया जाता है। संतुलित भोजन, व्यायाम तथा दवाइयाँ (इन्सुलिन इत्यादि)। लेकिन बच्चों के मामले में घर वालों को खासकर माँ-बाप को मधुमेह का ज्ञान दिया जाता है। घर वालों को 'हाइपो' या 'लो' शुगर तथा हाइपरग्लाइसीमिया के बारे में पता होना चाहिए।

बच्चों में 'हाइपो'

अगर बच्चा एकदम अज़ीब-अज़ीब-सी हरकतें करने लग जाए या चीजें फेंकने लग जाए और गुस्सा करने लगे या एकदम गुमसुम-सा या निढ़ाल हो जाए, तो हो सकता है बच्चा 'लो' शुगर या 'हाइपो' में हो, उसे तुरंत शहद, कोल्ड-ड्रिंक अथवा कुछ मीठा दें और तुरंत अपने डॉक्टर से संपर्क करें। हाइपो की तकलीफ़ शुरू में जब इन्सुलिन की शुरुआत की जाती है, तब ज़्यादा होती है। लेकिन धीरे-धीरे माँ-बाप और बड़े बच्चे खुद भी समझदार हो जाते हैं और यह तकलीफ़ कम होती जाती है।

अधिकांशतः बच्चों को दो बार मिश्रित इन्सुलिन दी जाती है, लेकिन कई बच्चों को दिन में चार-चार बार इन्सुलिन का इंज़ेक्शन देना पड़ता है। ऐसे समय में घर वालों को तथा स्कूल के स्टॉफ को भी अधिक शिक्षित करना पड़ता है।

'मधुमेही बच्चों का ग्रुप'

मधुमेही बच्चों का एक ग्रुप बना देना चाहिये और उन्हें सामूहिक रूप से मधुमेह रोग विशेषज्ञ, मनोवैज्ञानिक तथा डायटीशियन की सेवायें प्रदान करानी चाहिये। बच्चों के साथ-साथ उनके रिश्तेदार या माँ-बाप को भी इन्सुलिन चिकित्सा, स्वस्थ खान-पान तथा व्यायाम के बारे में विस्तार से अवगत करना चाहिए। बच्चों तथा माँ-बाप को अगर कोई भी शंका हो तो उसका निवारण करना चाहिए। बच्चा जो कि कल तक ठीक-ठाक था, खेलता-कूदता था, खाता-पीता था, उस पर मधुमेह होने के बाद विभिन्न प्रकार की बंदिशें लगा दी जाती हैं – 'यह न करो, यह न खाओ।' इन्सुलिन की सवेरे-शाम या अधिक बार सूई लगना, बार-बार रक्त की जाँच करना इत्यादि। कुछ ऐसी ख़ास बातें होती हैं, जिससे बच्चे को परेशानी तो होती ही है, लेकिन माँ-बाप और सारा परिवार मानसिक परेशानी से घिरकर सकते में आ जाता है। इस दशा में मनोचिकित्सक के द्वारा बच्चे और माँ-बाप को 'सायकोथेरेपी' बहुत कारगर सिद्ध होती है। बच्चे की शुगर बेहतर तरीके से क़ंट्रोल हो सकती है और आगे चलकर मधुमेह की दूरगामी परेशानियों से बचा जा सकता है।

बड़े बच्चों में मधुमेह रोग के बारे में अधिक ज्ञान दिया जा सकता है। उन्हें खुद पेशाब एवं रक्त में जाँच करके खुद टीका लगाना सिखाया जा सकता है। लेकिन यह काम माँ-बाप की उपस्थिति में होना चाहिये। आजकल विभिन्न प्रकार के 'इन्सुलिन पैन' (जैसे नोवोपैन इत्यादि) बाज़ार में उपलब्ध हैं, जिनसे सूई की चुभन नहीं के बराबर होती है और इंज़ेक्शन भरना, सिरिंज़ों को संभालना, इन्सुलिन को फ्रिज़ में रखना इत्यादि की ज़रूरत नहीं पड़ती है। विभिन्न प्रकार के 'ग्लूकोमीटर' (ब्लड शुगर नापने का माचिस की डीबिया जैसा यंत्र) बहुत सस्ती दरों में (रु.1500 से 2000 तक) बाज़ार में उपलब्ध है, जिनके द्वारा घर बैठे 20-30 रुपये में ब्लड शुगर का पता करके मधुमेह का नियंत्रण किया जा सकता है।

इस प्रकार हम देखते हैं कि आजकल इन्सुलिन की उपलब्धता तथा उसको लगाने में विभिन्न प्रकार के आसान उपकरण बाज़ार में उपलब्ध होने से बच्चों में मधुमेह का नियंत्रण बेहतर तरीके से किया जा सकता है।

बच्चों में एक 'टीम एप्रोच' के द्वारा व्यायाम, खान-पान तथा इन्सुलिन के उपयोग से न केवल मधुमेह को नियंत्रित किया जा सकता है, बल्कि इसकी दूरगामी जटिलताओं से भी बचा जा सकता है और इस तरह से बच्चे भी अन्य बच्चों की तरह स्वस्थ रहकर खेल-कूद सकते हैं, पढ़ाई एवं नौकरी कर सकते हैं और सामान्य व्यक्तियों की तरह शादी कर सकते है और सामान्य बच्चों को जन्म दे सकते हैं।

मधुमेह का नियंत्रण – वृद्धों में

वृद्धों में या प्रौढ़ावस्था में अधिकांशतः टाइप-2 अर्थात् 'नॉन-इन्सुलिन डिपेन्डेन्ट डायबिटीज़' होती है लेकिन वृद्धावस्था में ब्लड प्रेशर, हार्ट की तकलीफ़, जोड़ों की बीमारियाँ तथा अपंगता (फालिज़) इत्यादि हो सकता है जिसके रहते मधुमेह का नियंत्रण काफी मुश्किल हो जाता है। जिन व्यक्तियों में मधुमेह रोग जीवन के आखिरी पड़ाव (75 वर्ष के बाद) पर होता है, उनमें ज़्यादातर बीमारी काफ़ी हल्की होती है, लेकिन यह ज़रूरी नहीं है। मधुमेह के ज़ल्दी होने पर या मधुमेह की कुछ जटिलताएँ होने पर प्रौढ़ व्यक्तियों को अपने मधुमेह नियंत्रण के लिए विभिन्न OHA या इन्सुलिन के टीके लेने पड़ सकते हैं।

प्रौढ़ मधुमेह रोगियों की परेशानियाँ

बूढ़े व्यक्यिों में मधुमेह की निकटतम तथा दूरगामी परेशानियाँ हो सकती हैं जैसे –

1. अंधापन।
2. पैरों में ठीक न होने वाले जख़्म।
3. पैरों व टाँगों का कटना (अपाहिजता)।
4. गुर्दे की ख़राबी।

5. हॉर्ट प्रोब्लम।
6. हाई शुगर – रक्त में शुगर का बहुत अधिक होना।
7. प्रौढ़ावस्था में अन्य रोग जैसे जोडों का दर्द, टाँगों में जकड़न या 'पारकिनसोनिज़्म' (हाथ या सिर हिलना, टाँगों में जकड़न या पैर घसीटकर चलना) होने पर, ऊपर से मधुमेह भी हो तो वृद्ध व्यक्ति की अयोग्यता तथा अपंगता बढ़ जाती है और ऐसे में प्रबन्ध करना और भी मुश्किल हो जाता है।

प्रौढ़ावस्था में हाइपो

प्रौढ़ावस्था में 'हाइपो' या 'लो शुगर' होने की संभावना अधिक होती है, क्योंकि –

1. वृद्ध व्यक्ति की नज़र कमज़ोर होने से वह इन्सुलिन के इंजेक्शन का 'डोज़' ग़लत ले सकता है या ग़लत गोलियाँ ले सकता है।
2. याद्दाश्त की कमज़ोरी के कारण भी इन्सुलिन का ग़लत 'डोज़' लिया जा सकता है या मधुमेह की गोलियाँ ज़्यादा या ग़लत ली जा सकती हैं।
3. घर में वृद्ध व्यक्ति अक्सर अलग कमरे में रहते हैं और एक साथी (पति या पत्नी) की मृत्यु पर वे अपनी तकलीफ़ बताने के लिए अकेले पड़ जाते हैं।
4. प्रौढ़ावस्था मे गुर्दों पर थोड़ा असर पड़ने से इन्सुलिन या OHAs शरीर से बाहर नहीं निकल पाती हैं और मरीज़ को 'लो शुगर' का अटैक पड़ सकता है।

प्रौढ़ावस्था में मधुमेह पर नियंत्रण

शुगर की सेल्फ-मॉनिटरिंग से अगर वृद्ध व्यक्ति अपनी शुगर नियंत्रण में रखते हैं, तो मधुमेह की घातक जटिलताओं से बच सकते हैं। प्रौढ़ों को अपने मधुमेह विशेषज्ञ से शुगर की नियमित जाँच, गुर्दों की जाँच, पैरों की विस्तार से जाँच तथा हार्ट की जाँच ज़रूर करवानी चाहिए। हर महीने फास्टिंग तथा पी. पी. ब्लड शुगर की जाँच तथा बी.पी. की जाँच ज़रूर करवानी चाहिये। रोज़ाना रात को अपने पैरों की जाँच कर लें। कोई कट, ख़रोंच या घाव होने पर तुरन्त अपने डॉक्टर से सम्पर्क करें क्योकि संवेदना न होने पर घाव का पता नहीं चलता है और घाव बढकर गैंगरीन (काला बदबूदार जख़्म) का रूप ले सकता है, जिससे पैर की उंगलियाँ, पैर या पूरी टांग भी काटनी पड़ सकती है।

वृद्ध व्यक्ति को अपने खान-पान का बहुत ध्यान रखना चाहिए (देखिये खान-पान से मधुमेह पर नियंत्रण पृष्ठ 31) और समय पर अपने डॉक्टर के कहने के मुताबिक अपना भोजन लेना चाहिये। प्रौढ़ावस्था में व्यायाम का बहुत अधिक महत्त्व होता है। बढ़ती उम्र के साथ-साथ जोडों के दर्द या 'पारकिनसोनिज़्म' इत्यादि होने से चलना मुश्किल हो जाता है। ऐसे वृद्ध व्यक्तियों को बैठे-बैठे अपने पैर, लातों तथा बाजुओं को हिलाना चाहिए (बचपन में जैसे बैठे-बैठे पी.टी. करते हैं) इससे मधुमेह में भी फायदा मिलता है तथा जोड़ों को गति मिलने से उनमें जकड़न नहीं आती है।

इस तरह हम देखते हैं कि प्रौढ़ावस्था में अगर ब्लड शुगर नियंत्रण के अलावा खान-पान तथा खासकर व्यायाम का ध्यान रखा जाए तो मधुमेह के साथ भी बुढ़ापा आसानी से कट सकता है और मधुमेह की घातक जटिलताओं से बचा जा सकता है।

28. मधुमेह रोगी और उपवास

व्रत (उपवास) से व्यक्ति के खान-पान तथा उसके समय में बदलाव आता है, जिससे शरीर के 'मैटाबोलिज़्म' (चयापचय) पर असर पड़ता है और मधुमेह नियंत्रण में गड़बड़ी हो सकती है। साधारणतः व्रत धार्मिक कारणों से रखा जाता है, लेकिन कुछ लोग अपने 'पेट' को ठीक रखने के लिए भी साप्ताहिक व्रत रखते हैं। व्रत भी कई प्रकार के होते हैं, जैसे किसी एक दिन का व्रत, साप्ताहिक व्रत या पूरे महीने का व्रत (मुस्लिम भाई पूरे रमज़ान के महीने में सुबह 4-5 बजे तथा शाम को 7-8 बजे ही खाते हैं, पूरे दिन भूखे रहते हैं)। आंशिक व्रत ऐसा व्रत होता है जिनमें कुछ भोज्य पदार्थ खाने की अनुमति होती है।

व्रत रखना मधुमेह रोगियों के लिए समस्या ही नहीं एक चुनौती होती है क्योंकि मधुमेह रोगी का शरीर व्रत को एक तनाव (stress) के तौर पर लेता है। व्रत के कारण शरीर में कुछ स्ट्रेस हार्मोन निकलते हैं जो कि इन्सुलिन के विपरीत कार्य करते हैं, जिससे शरीर ऊर्जा प्राप्त करने के लिए शरीर की वसा तथा 'ग्लाइकोजन' (ग्लूकोज़ का शरीर में संग्रहीत रूप) का उपयोग करने लगता है। इससे यकृत (liver) में से ग्लूकोज़ तथा 'फैटी एसिड्स' निकलने लगते हैं। इन्सुलिन का स्तर कम होने पर यह स्थिति ख़तरनाक हो सकती है एवं 'डायबिटिक कीटोएसीडोसिस' भी हो सकती है।

आप उपवास रख सकते हैं या नहीं अथवा किस तरह का उपवास रख सकते हैं, यह इस पर निर्भर करता है कि आप किस प्रकार के मधुमेह से पीड़ित हैं (टाइप-1 या टाइप-2) तथा आप गुर्दे या हृदय की बीमारी से पीड़ित तो नहीं हैं। टाइप-1 मधुमेह रोगी व्रत कदापि न रखें और टाइप-2 मधुमेह रोगी के लिए भी व्रत से बचना (avoid) ही अच्छा है।

टाइप-1 मधुमेह रोगी और उपवास

टाइप-1 मधुमेह रोगियों को कोई भी व्रत नहीं रखना चाहिए यहां तक कि आंशिक व्रत से भी मधुमेह का नियंत्रण बिगड़ सकता है। रमज़ान के महीने में लंबे आंशिक व्रत भी नहीं रखने चाहिए। लेकिन धार्मिक अनिवार्यता के रहते बहुत सावधानी बरतनी चाहिए और अपने चिकित्सक की देख-रेख में व्रत रखने चाहिए। टाइप-1

या आई.डी.डी.एम. रोगी में इन्सुलिन का उत्पादन बिल्कुल नहीं होता है। लिए गए भोजन के पूर्ण उपयोग तथा संग्रहीत ऊर्जा के उपयोग को रोकने के लिए तथा लिवर (यकृत) से शुगर के बाहर आने को रोकने के लिए इन्सुलिन आवश्यक है। उपवास रखना और साथ में इन्सुलिन के इंज़ेक्शन बिल्कुल बंद कर देना बहुत ख़तरनाक हो सकता है और आपको बहुत ज़्यादा ब्लड शुगर और यहाँ तक कि **'कीटोऐसीडोसिस'** का ख़तरा भी हो सकता है। दूसरी ओर अगर आप व्रत रख रहे हैं तो खाने में की गई कमी के अनुसार इन्सुलिन की मात्रा में कमी की जानी चाहिए अन्यथा 'हाइपोग्लाइसीमिया' (लो शुगर) का ख़तरा भी हो सकता है।

टाइप-2 मधुमेह रोगी और उपवास

टाइप-2 मधुमेह रोगी जो अधिकतर मोटे होते हैं, उनमें आंशिक व्रत वज़न कम करने में सहायक सिद्ध हो सकता है, इन्सुलिन संवेदनशीलता (insulin efficacy) बढ़ सकती है तथा वास्तविक नियंत्रण में मदद हो सकती है। कुछ ऐसे धार्मिक व्रत भी होते हैं जिनमें कुछ भोज्य पदार्थ खाने की अनुमति होती है। यदि नितांत आवश्यक हो तो आंशिक व्रत रख सकते हैं, लेकिन इसके लिए अपने चिकित्सक तथा आहार विशेषज्ञ की सलाह लेनी आवश्यक है कि व्रत के दौरान मीठे भोज्य पदार्थों में से कौन से भोज्य पदार्थ कितनी मात्रा में खाने चाहिए, ताकि आपकी शुगर का नियंत्रण गड़बड़ा न जाए। अगर आपकी डायबिटीज़ नियंत्रण में है और व्रत रखना आपकी मजबूरी है, तो आप अपने चिकित्सक और आहार विशेषज्ञ से अपनी नई आहार प्रणाली व उसके टाइम टेबल के बारे में विस्तार से चर्चा कर लें। वे आपको बताएंगे कि आपको दवाइयों (अथवा इन्सुलिन) आहार एवं व्यायाम में किस प्रकार का आमूलचूल परिवर्तन करना चाहिए जिससे कि आपकी मधुमेह नियंत्रण में रह सके।

याद रखिए हर धर्म तथा हर 'इष्टदेव' (भगवान्/अल्लाह/गॉड) आपके स्वस्थ न रहने पर आपको व्रत न रखने की छूट भी देते हैं।

29. 'हाई रिस्क' ग्रुप

विश्व भर में और ख़ासकर भारत में मधुमेह जिस तेजी से फैल रही है, उसका प्रमुख कारण आनुवांशिकता के अलावा रहन-सहन एवं खान-पान में हमारा बदलाव (junk food culture), तेज़ी से हो रहा उद्योगीकरण (industrialisation & globalisation) तथा आरामपसंद जिन्दगी (sedentry lifestyle) है।

लेकिन यह भी सही बात है कि समाज में मधुमेह का प्रतिशत करीब 7 से 9 प्रतिशत है, अर्थात् हर एक व्यक्ति को यह बीमारी नहीं होती है। इसका मतलब है कौन से व्यक्ति, बच्चे, स्त्री या पुरूष हैं जिनमें मधुमेह होने की अधिक संभावना होती है। ऐसे समूह को "डायबिटीज़ हाई रिस्क ग्रुप" कहते हैं।

डायबिटीज़ हाई रिस्क ग्रुप

1. **परिवार में किसी को डायबिटीज़ हो** – अगर आपके परिवार में किसी को मधुमेह है, तो आप में मधुमेह होने की संभावना बढ़ जाती है। अगर माँ-बाप में से किसी एक को मधुमेह है, तो बच्चों में 30 से 40 प्रतिशत तक मधुमेह होने की संभावना होती है और अगर माँ-बाप दोनों को मधुमेह है, तो बच्चों में 50 से 60 प्रतिशत तक मधुमेह होने की संभावना होती है।
2. **मोटे व्यक्ति** – कहते हैं मोटापा बीमारियों की जड़ होता है, खासकर वे व्यक्ति जिनका पेट मोटा होता है। अपनी 'वेस्ट लाइन' (waist line) का ध्यान रखिए। पुरुषों में अगर कमर का नाप 85 सेमी से अधिक तथा स्त्रियों में कमर का नाप 95 सेमी से अधिक हो, तो उन्हें मधुमेह, ब्लड प्रेशर तथा हार्ट इत्यादि की बीमारियाँ होने की अधिक संभावना होती है।

3. **30 वर्ष से अधिक आयु** – जैसे-जैसे उम्र बढ़ती जाती है, मधुमेह होने की संभावना भी बढ़ती जाती है। मधुमेह के 5 प्रतिशत रोगी टाइप-1 मधुमेह प्रकार के होते हैं, जो कि अधिकांशतः बच्चे होते हैं, जबकि मधुमेह के 95 प्रतिशत

रोगी टाइप-2 प्रकार के मधुमेह से ग्रस्त होते हैं, जो कि अधिकतर 30 वर्ष की उम्र से अधिक के होते हैं।

4. **उच्च रक्तचाप** – जिन व्यक्तियों को हाई ब्लड प्रेशर या उच्च रक्तचाप होता है, उन्हें भी मधुमेह होने की संभावना अधिक होती है।

5. **रक्त में कोलेस्ट्रोल (वसा) का अधिक होना** – अगर आपके ट्राईग्लिसराइड (टी.जी.) या कोलेस्ट्रोल अधिक हैं और आप में दूसरे 'रिस्क फैक्टर्स' (जैसे मोटापा, आनुवांशिकता, इत्यादि) हैं तो आपके मधुमेह से ग्रसित होने की संभावना बढ़ जाती है।

6. **गर्भावधि मधुमेह (Gestational Diabetes)** – अगर किसी स्त्री को गर्भावस्था के दौरान मधुमेह हो जाये या प्रसव के बाद पैदायशी बच्चे का वज़न 3.5 किलो (करीब 7.7 पौंड) से अधिक हो, तो ऐसी स्त्री को आगे चलकर मधुमेह होने की संभावना बढ़ जाती है।

7. **IGT या IFG** – Impaired Glucose Tolerance (IGT) अर्थात् भूखे पेट ब्लड शुगर 110 मिग्रा प्रतिशत से अधिक तथा 126 मिग्रा प्रतिशत से कम एवं पी.पी. ब्लड शुगर का 140 मिग्रा से अधिक एवं 200 मिग्रा. से कम होना। Impaired Fasting Glucose (IFG) अर्थात् भूखे पेट 'फास्टिंग' ब्लड शुगर का 110 मिग्रा से अधिक तथा 126 मिग्रा प्रतिशत से कम होना। यह दोनों अवस्थाएँ (IGT एवं IFG) प्रीडायबिटीज़ (Pre diabetes) कहलाती हैं, जिनके होने पर व्यक्ति में मधुमेह होने की संभावना 33 प्रतिशत होती है।

8. **क्षय रोग या टी.बी.** – जिन व्यक्तियों को छाती की टी.बी. या अन्य क्षय रोग होता है, उनमें भी मधुमेह होने की संभावना होती है क्योंकि मधुमेही व्यक्ति में शरीर की अवरोधकता (body resistance), कम होने के कारण विभिन्न प्रकार के संक्रमण (जैसे टी. बी. इत्यादि) होने की संभावना अधिक होती है।

9. इसके अलावा जिन व्यक्तियों के छोट-मोटे जख़्म भी आसानी से नहीं भरते हैं या जिन्हें बार-बार फोड़े-फुन्सियाँ होती रहती हैं, उनमें भी मधुमेह रोग होने की संभावना होती है।

इस प्रकार हमने देखा कि समाज के ऊपर लिखे वर्गों में मधुमेह होने की संभावना अधिक होती है। अगर आप इनमें से किसी वर्ग में आते हैं तो ध्यान रखिए। अगर आप अपना वज़न न बढ़ने दें, उचित खान-पान का ध्यान रखें, नियमित व्यायाम करें, चिंता या टेन्शन (stress) कम रखें, मेडीटेशन व 'योग' इत्यादि करें तो आप मधुमेह रोग से कुछ हद तक बच सकते हैं।

30. क्या आप मधुमेह को रोक सकते हैं?

जी हाँ, कुछ हद तक मधुमेह एक वंशानुगत बीमारी है, जो पीढ़ी-दर-पीढ़ी चलती है। 95 प्रतिशत लोगों में टाइप-2 या एन.आई.डी.डी.एम. डायबिटीज़ होती है, जिसका कि incidence पिछले कुछ वर्षों में बहुत तेज़ी से बढ़ा है। महानगरों (metros) में मधुमेह का incidence 8 से 9 प्रतिशत हो गया है। अर्थात् हर 100 व्यक्तियों में 8 या 9 लोगों को यह बीमारी है और आने वाले 10-15 सालों में भारतवर्ष के महानगरों में हर पांचवें व्यक्ति को यह बीमारी होगी। मधुमेह रोग का इतना तेज़ी से हमारे समाज में बढ़ना एक नई समस्या है, जिसका कि प्रमुख कारण रहन-सहन एवं खान-पान में बदलाव (junk food culture) तेज़ी से हो रहा औद्योगीकरण (industrialisation & globalisation) तथा आरामपसंद ज़िंदगी (sedentry lifestyle) है। टाईप-2 डायबिटीज़ साधारणतया वंशानुगत होती है। अर्थात् अगर मां-बाप में से एक को मधुमेह रोग है, तो 30 से 40 प्रतिशत तक संभावना है कि यह रोग उनके बच्चों में भी होगा और अगर माँ-बाप दोनों को यह रोग हो तो 50-60 प्रतिशत बच्चों में मधुमेह रोग होने की संभावना होती है।

मधुमेह रोगी जब तक डायबिटीज़ के विभिन्न लक्षणों के लिए डॉक्टर के पास जाता है, तब तक देर हो चुकी होती है। रक्त में उच्च ब्लड शुगर के कारण शरीर के विभिन्न अंगों, जैसे हार्ट, गुर्दे, आंखों, स्नायु-तंत्र, इत्यादि पर इसका असर हो चुका होता है। अगर मधुमेह रोग 60 वर्ष की उम्र के बाद होता है, तो यह बीमारी इतनी गंभीर प्रकट नहीं होती है। अगर मधुमेह के लक्षण 30 या 40 वर्ष की उम्र में प्रकट होते हैं, तो इसकी जटिलताएँ भी गंभीर होती हैं। साधारणतया यह देखा गया है कि मधुमेह होने और उसके लक्षण प्रकट होने में 5-6 वर्ष का समय होता है। टाइप-2 मधुमेह, अक्सर 40 वर्ष की उम्र के आस-पास पता चलती है।

अगर कोई व्यक्ति जिसमें मधुमेह रोग वंशानुगत है, जो मोटा है, जिसे ब्लड प्रेशर इत्यादि की शिकायत है, अगर 20 वर्ष की उम्र से ही अपने खून की जाँच

करवाए (O.G.T.T.), नियमित व्यायाम करे तथा अपने खान-पान पर नियंत्रण रखे और अपना वज़न न बढ़नें दे, तो वह मधुमेह रोग को कुछ हद तक टाल सकता है।

आप मधुमेह रोग से कैसे बच सकते हैं?

1. **जीवन-शैली में बदलाव (Lifestyle Modification)** – जैसाकि मैं पहले कह चुका हूँ, आजकल की भाग-दौड़ की ज़िंदगी बहुत हद तक मधुमेह रोग के लिए जिम्मेदार है। अगर हम अपनी जीवन-शैली को कुछ हद तक बदल सकें, तो मधुमेह से बचा जा सकता है।

   क. स्वस्थ खान-पान – अपना खान-पान नियमित रखिए। रिफाइंड कार्बोहाइड्रेट (जैसे शक्कर तथा गुड़ की बनी चीजें तथा अन्य मीठे पकवान या पदार्थ) कम-से-कम लें। वसा (घी, तेल चिकनाई जैसे पूड़ी, पकौड़ा, परांठा, बटर चिकन, जंक फूड) इत्यादि का भी कम-से-कम सेवन करें। शराब का सेवन न करें और धूम्रपान न करें।

   ख. नियमित व्यायाम – तेज़ चलें। आप चाहें तो कुछ खेल भी सकते हैं, जैसे हॉकी, फुटबाल, बैडमिंटन, टेनिस इत्यादि। आप चाहें तो तैराकी भी कर सकते हैं। 'आइसोटोनिक व्यायाम' (जिनके उदाहरण ऊपर दिए गए हैं) करें। शुगर के मरीज़ को 'आईसोमिट्रिक' व्यायाम (वेट लिफ्टिंग – भारोत्तोलन) से कुछ खास लाभ नहीं होता है। लिफ्ट का उपयोग न करके सीढ़ियों से ऊपर जाइए। कार या स्कूटर को दूर खड़ा करके पैदल ही शॉपिंग के लिए जाइये। याद रखिए सप्ताह में पांच दिन आधे घंटे का व्यायाम आपको मधुमेह, उच्च रक्तचाप तथा हार्ट-अटैक जैसी ख़तरनाक बीमारियों से बचा सकता है।

   ग. 'स्ट्रेस' (stress) कम करें – अर्थात् मानसिक तनाव को कम करें। रोजाना योगाभ्यास (योग) करें। ध्यान (मेडीटेशन) करें। चिंता-मुक्त रहें।

घ. **खुश रहें** – याद रखिए, हंसते समय गुस्से की तुलना में, चेहरे की कम मांसपेशियां काम करती हैं। जीवन में सुखी रहने का यह मूल-मंत्र है कि हर परिस्थिति में हम खुश रहें और रचनात्मक सोच रखें।

2. **शुगर बढ़ाने वाली दवाइयाँ न लें** – कुछ दवाइयाँ ऐसी होती है, जो ली तो अन्य बीमारियों के लिए जाती हैं, लेकिन उनके सेवन से शरीर में इन्सुलिन का असर कम हो जाता है, जिससे ब्लड शुगर बढ़ जाता है और ऐसे मरीज़ इन दवाइयों को अगर बहुत लंबे समय तक लें, तो उनको मधुमेह रोग हो सकता है। इन दवाइयों में प्रमुख हैं – स्टीरॉयड (जैसे वायसलान, प्रेडनीसलान, डेक्सोना या डेकाड्रान इत्यादि), कुछ दर्द की दवाइयाँ (पेन किलर), कुछ मिर्गी की दवाइयाँ (एप्टाइन) इत्यादि। जहां तक हो सके, इन दवाइयों का सेवन कम-से-कम करें और बिना डॉक्टरी सलाह के तो कदापि नहीं।

3. **मधुमेह रोकने वाली दवाइयाँ** – आजकल बाज़ार में कुछ ऐसी दवाइयाँ आ गई हैं, जिनका सेवन अगर 'प्री-डायबिटिक अवस्था' या मधुमेह के पहले वाली अवस्था में किया जाए तो कुछ हद तक मधुमेह से बचा जा सकता है।

इनमें एक दवाई है 'मेटफार्मिन'। इस दवाई से व्यक्ति की भूख कम हो जाती है और वह ग़ैर-ज़रूरतन अधिक भोजन नहीं करता है, इससे व्यक्ति का वज़न भी कम होता है। कई बार चिकित्सक 'मेटफार्मिन' नामक दवाई को केवल वज़न कम करने के लिए भी देते हैं। मधुमेह से बचाने वाली दूसरी दवाई है 'एकार्बोस'। यह दवाई आंतों में, खाने के साथ लिए गए कार्बोहाइड्रेट्स के अवशोषण को धीमा और कम कर देती है, जिससे खाने के बाद रोगी का ब्लड शुगर नहीं बढ़ता है। 'ग्लीटाजोन्स' (पायोग्लीटाजोन तथा रोजीग्लीटाजोन) नामक दवाइयाँ भी आजकल बाज़ार में आ गई हैं। हाल ही में किए गए अनुसंधानों से इन दवाइयों को भी मधुमेह रोकने में सहायक देखा गया है।

इस प्रकार हम देखते हैं कि अगर कोई व्यक्ति अपना वज़न न बढ़ने दे (नियमित खान-पान तथा व्यायाम से), अपने को मानसिक तनाव से मुक्त रखे तथा कुछ दवाइयों (स्टीरॉयड इत्यादि) को न खाए तो वह मधुमेह नामक गंभीर बीमारी से बच सकता है।

31. मधुमेह नियंत्रण के नये क्षितिज

मधुमेह आज एक महामारी का रूप ले चुका है। विश्व में सर्वाधिक मधुमेह ग्रसित मरीज़ भारत में हैं। मधुमेह के मरीज़ों में 95 प्रतिशत टाइप-2 मधुमेह होता है, अर्थात् वह मधुमेह जिसमें शरीर में इन्सुलिन पर्याप्त मात्रा में बनने के बावजूद यह ज़िगर, वसा और मांसपेशियों पर कार्य नहीं कर पाती और रक्त में ग्लूकोज़ की मात्रा बढ़ने लगती है। हमारे देश में होने वाली टाइप-2 डायबिटीज़ करीब 10 साल पहले प्रारम्भ होती है, तथा इन मरीज़ों का वज़न भी पश्चिमी देशों के मुकाबले 10-20 प्रतिशत कम होता है। परन्तु इन्सुलिन प्रतिरोधकता (insulin resistance) अधिक होने के कारण उच्च रक्तचाप एवं अधिकाधिक दिल के दौरे की सम्भावना रहती है। इसके साथ-साथ आधुनिकीकरण के नाम पर व्यायाम कम और हाई कैलोरी भोजन एवं मानसिक तनाव बढ़ते नजर आ रहे हैं।

मधुमेह से जूझने के लिये नये अनुसन्धान निरन्तर हो रहे हैं। विश्व भर के चिकित्साविद् तथा वैज्ञानिक ऐसे शोधकर्मों में लगे हैं जिससे डायबिटीज़ का इलाज इतना सरल हो जाए कि मधुमेह रोगी इस रोग के होते हुए भी निर्विघ्न अपनी जीवन-यात्रा को पूरी करें। इनका मुख्य ध्येय है मधुमेह के निदान, मॉनीटरिंग और इलाज को सरल बनाना और जटिल समस्याओं का समाधान। हाल ही के वर्षों में शुगर के निदान और नियंत्रण से संबंधित जो भी महत्त्वपूर्ण खोजें हुई हैं उनका ब्यौरा इस प्रकार है –

1. **ग्लूकोमीटर** – ग्लूकोमीटर कम्प्यूटर एवं जीव-विज्ञान का एक ऐसा गठबंधन है जिसने डायबिटीज़ के निदान में क्रांति ला दी है। ''सैन्सर तकनीक'' के नये 'ग्लूकोमीटर'' उपलब्ध होने से बार-बार ब्लड शुगर की जाँच कर पाना घर पर सम्भव है और वह भी बिना अधिक दर्द और खर्च के। आज 1500-2000 रुपयों में ग्लूकोमीटर और प्रति टेस्ट 15-20 रु॰ के खर्च पर, मरीज़ शुगर की जाँच, घर बैठे कर पा रहे हैं। यह यंत्र इतना उम्दा होता है कि बिना अधिक दर्द के एवं एक

बूंद से भी कम रक्त के द्वारा हमें ब्लड शुगर का तुरंत पता चल जाता है। इसके द्वारा मधुमेह के कन्ट्रोल की स्थिति में सुधार होने की संभावना होती है।

2. **इन्सुलिन पेन –** शुगर (डायबिटीज़) के मरीज़ों में इन्सुलिन इन्जेक्शन से डरने या भागने के प्रमुख कारण होते हैं – मोटी सूई की चुभन, सिरिंज़ एवं सूइयों को संभालना तथा 'इन्सुलिन की शीशी' को फ्रिज़ में रखना इत्यादि। इन्सुलिन को बिना परेशानी और बिना दर्द हुए लगाने के लिए "इन्सुलिन

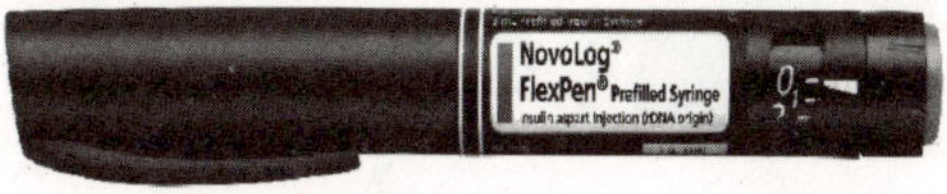

पैन" का उपलब्ध होना एक नया आयाम रहा है। साधारण फाउन्टेन पेन की तरह इन्सुलिन पेन में इन्सुलिन की "कार्ट्रिज़" लगी होती है। "पैन" के एक छोर पर लगी नोब को घुमाने से ज़रूरत के मुताबिक इन्सुलिन की मात्रा को 'डायल' किया जा सकता है और पैन के दूसरे छोर पर दुनिया की सबसे महीन 31 गेज़ की सूई के द्वारा लगभग दर्द-रहित इन्जेक्शन लगाया जा सकता है।

इस पैन को साधारण पैन की तरह ज़ेब में रखा जा सकता है और ज़रूरत के मुताबिक इन्सुलिन को लिया जा सकता है। "इन्सुलिन पैन' दो प्रकार के होते हैं। 'डिस्पोसेबल पैन" में 300 यूनिट तक की इन्सुलिन भरी रहती है जिसके समाप्त होने पर पूरे पैन को फेंक दिया जाता है। दूसरे प्रकार के पैन में इन्सुलिन का कारतूस (कार्ट्रिज़) होता है जिसे ख़त्म होने पर बदला जा सकता है। आजकल ये पैन बहुतायत में प्रयोग किए जाने की आवश्यकता है। इनके मुख्य लाभ हैं – इन्सुलिन की ख़ुराक़ में ग़लती की संभावना न के बराबर, बिना दर्द का इन्जेक्शन, बार-बार सिरिंज़ की भी ज़रूरत नहीं और इसे 'फ्रिज़' में रखने की ज़रूरत न होने के कारण इसे कहीं भी साथ में ले जाया जा सकता है। यह पैन "नोवो पैन", "ह्यूमा पैन" इत्यादि के नाम से हमारे देश में उपलब्ध है।

3. **इन्सुलिन इन्हेलर –** इन्सुलिन अब इन्जेक्शन के स्थान पर "इन्हेलर" द्वारा भी ली जा सकेगी। "इन्सुलिन इन्हेलर" ठीक "अस्थमा इन्हेलर" की तरह फेफड़ों में इन्सुलिन को भेजता है, जहां से यह रक्त-संचार में जाकर काम

करना आरम्भ करती है। इन्सुलिन इन्हेलर की समस्या है कि 20 प्रतिशत से भी कम इन्सुलिन की मात्रा रक्त में पहुंच पाती है। दूसरा, नाक, श्वास-नली तथा फेफड़ों इत्यादि के संक्रामक रोगों (जुकाम, खांसी, न्यूमोनिया) के समय इन्सुलिन का अवशोषण (absorption) भी बदलता रहता है, जिससे ब्लड शुगर का स्तर कम या ज़्यादा हो सकता है। पूरी दुनिया के शोध वैज्ञानिक इस ख़ोज़ में लगे हैं कि किस प्रकार 'स्प्रे' के जरिए नपी-तुली मात्रा में इन्सुलिन शरीर में पहुंचायी जा सके। अमेरीका और यूरोप में इन्सुलिन इन्हेलर के प्रयोग अंतिम चरण में है और आशा है आने वाले 1-2 वर्षों में इस प्रकार के 'इन्हेलर' भारत सहित विश्व के अन्य देशों में भी उपलब्ध हो जायेंगे और मधुमेह के नियंत्रण में कारगर सिद्ध होंगे।

4. **इन्सुलिन जैट इन्जेक्टर्स** – सूई की चुभन, इन्सुलिन इन्जेक्शन लेने में सबसे बड़ी बाधक होती है। सूई के विकल्प के तौर पर 'इन्सुलिन जैट इन्जेक्टर्स' के द्वारा हवा के ''प्रैस्युराइज़्ड जैट'' के जरिए इन्सुलिन शरीर में पहुंचाई जाती है। इस विधि द्वारा इन्सुलिन लेने से थोड़ा दर्द हो सकता है और इन्सुलिन लेने वाली जगह पर 'ब्रूज़' (bruise) या ''नील'' भी पड़ सकता है। इनकी संभाल मुश्किल होती है और यह महँगे (करीब 12000 रुपये के) भी होते हैं। यह यंत्र अब हमारे देश में उपलब्ध हो गया है।

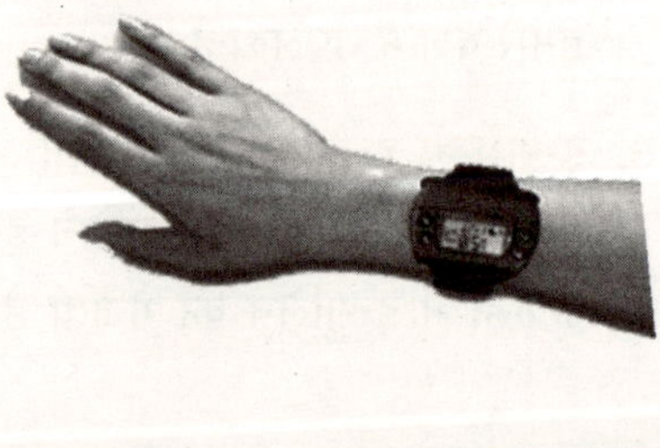

5. **ग्लूकोमीटर घड़ी** – आजकल विदेशों (अमेरीका इत्यादि) में कलाई पर बांधने वाली ऐसी घड़ी का आविष्कार हो गया है जो आपकी ज़रूरत के मुताबिक शरीर में सूई

चुभाए बिना आपके ब्लड में शुगर की मात्रा को बता देती है। लेकिन इस घड़ी के द्वारा ब्लड शुगर नापने में 20-30 प्रतिशत तक ग़लती हो सकती है। यह घड़ी अभी हमारे देश में उपलब्ध नहीं है। ब्लड शुगर रिज़ल्ट में ग़लती के कारण अमेरिका इत्यादि देशों में भी इसका प्रचलन नहीं बढ़ा है।

6. **इन्सुलिन पम्प** – डायबिटीज़ की दूरगामी परेशानियों से बचने के लिए ब्लड शुगर का 24 घंटे सही स्तर पर बने रहना ज़रूरी है। इसी बात को ध्यान में रखते हुए इन्सुलिन पम्प का आविष्कार किया गया है। इन्सुलिन की लगातार डिलीवरी के लिए "इन्सुलिन पम्प" का आविष्कार बहुत पुराना है। पहले ये साइज़ में बहुत बड़े हुआ करते थे, लेकिन आजकल विज्ञान एवं कम्प्यूटर प्रौद्योगिकी के विकास एवं सामंजस्य से यह एक सिगरेट लाइटर के आकार में एवं पूर्णतया स्वचालित रूप में मौजूद है। इन्सुलिन पम्प दो प्रकार के होते हैं –

क. बाह्यय अथवा 'एक्सटर्नल' इन्सुलिन पम्प – यह एक इन्सुलिन 'रिज़र्वायर' बैटरी से चलने वाले पम्प और इन्सुलिन की मात्रा को नियंत्रण करने वाली 'कम्पयूटर चिप' से बना होता है जिसे आसानी से कमरबंध के रूप में बांधा जा सकता है। यह पम्प एक बारीक प्लास्टिक की नली के द्वारा एक महीन सूई से जुड़ा रहता है जिसे पेट की त्वचा में लगा दिया जाता है। पम्प में लगे 'सलेक्टर' के द्वारा शरीर में भेजी जाने वाली इन्सुलिन की मात्रा को बाहर से नियंत्रित किया जा सकता है।

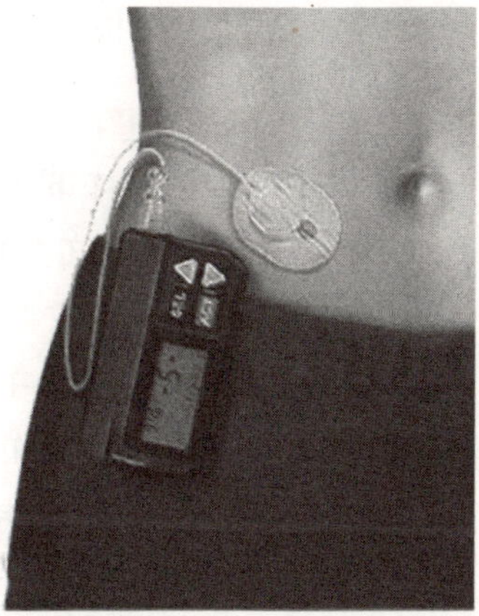

इन्सुलिन पम्प का इस्तेमाल पढ़ा-लिखा रोगी ही कर सकता है जो डाक्टरी हिदायतों का महत्त्व ठीक प्रकार से समझ सके। कुछ पेचीदगियाँ जो 'एक्सटर्नल इनसुलिन पम्प' के साथ जुड़ी हैं, उनमें प्रमुख हैं – पम्प से आ रही प्लास्टिक की नली का बंद होना या पम्प में गड़बड़ी होने से अधिक इन्सुलिन का शरीर में प्रवेश होना तथा सूई वाले स्थान पर संक्रमण

('इन्फेक्शन') का होना। इसका उपयोग विदेशों में बहुतायत से हो रहा है तथा अभी हाल में भारत में भी 'मिनीमेड' कम्पनी ने इन्सुलिन पम्प उपलब्ध कराए हैं, जो दिल्ली समेत भारत के सभी महानगरों में उपलब्ध हैं। अगर समस्या है तो इनका मंहगापन (लगभग दो से ढाई लाख रुपये)।

ख. 'कृत्रिम अग्नाशय' या 'इम्प्लान्टेबल इन्सुलिन पम्प' – इस विधि में एक छोटे से इन्सुलिन पम्प को शल्य-क्रिया के द्वारा शरीर में प्रत्यारोपित कर दिया जाता है। पम्प के साथ लगे ग्लूकोज़ सेंसर द्वारा रक्त में शुगर की मात्रा को नापकर इन्सुलिन पम्प स्वयं ही ज़रूरत के मुताबिक इन्सुलिन की खुराक़ को शरीर में छोड़ देता है। इस इन्सुलिन पम्प का नियंत्रण शरीर के बाहर स्थित कम्प्यूटर के द्वारा होता है, जो मिनट-दर-मिनट ब्लड शुगर के आधार पर शरीर की इन्सुलिन की आवश्यकता का हिसाब लगाता रहता है और ज़रूरत के मुताबिक पम्प को यह सिगनल देता रहता है कि किस समय कितनी इन्सुलिन शरीर को चाहिए।

7. **अग्नाशय प्रत्यारोपण** – पूरी दुनिया के विभिन्न देशों में किये जाने वाले गुर्दे एवं दिल के प्रत्यारोपण की तरह अग्नाशय के प्रत्यारोपण के प्रयास किए जा रहे हैं। इस विधि में किसी मृत व्यक्ति की देह से स्वस्थ अग्नाशय लेकर शुगर से पीड़ित व्यक्ति के शरीर में रोपित कर दिया जाता है। इस तरह से 'रोपित अग्नाशय' शुगर के मरीज़ में इन्सुलिन का निर्माण करने लगता है। वैसे तो अभी तक लगभग 1000 से भी अधिक ऐसे अग्नाशय प्रत्यारोपण किये जा चुके हैं, लेकिन उनके परिणाम बहुत सफल नहीं रहे हैं। जिन मधुमेह रोगियों के गुर्दे बिल्कुल ख़राब हो जाते हैं उनके लिए गुर्दे एवं अग्नाशय का प्रत्यारोपण एक साथ करना जीवनदायक बन सकता है।

8. **आईलेट सेल ट्रांसप्लांटेशन** – इन्सुलिन हार्मोन, जिसकी कमी से डायबिटीज़ होती है, पैनक्रियाज़ (अग्नाशय) नामक गंथि की 'टेल' (tail) में उपस्थित 'आईलैट सैल्स' द्वारा बनाया जाता है। इन्सुलिन बनाने वाली इन कोशिकाओं (आईलैट सैल्स) को कैप्सूल में डालकर शरीर के ज़िगर में प्रत्यारोपित (ट्रांसप्लांट) करना भी आज संभव हो गया है। यह टाइप-1 मधुमेह के मरीज़ों के लिए काफी कारगर सिद्ध हुआ है और आने वाले दिनों में मधुमेह

रोगियों के लिए वरदान सिद्ध हो सकता है। यह इलाज काफी मंहगा (20-25 लाख रुपये तक) है जो कि विभिन्न यूरोपीय देशों एवं अमेरीका में उपलब्ध है, लेकिन भारतवर्ष में अभी उपलब्ध नहीं है।

9. **इन्सुलिन की गोली या कैप्सूल** – अगर सबसे अधिक आवश्यकता है तो इन्सुलिन की गोली या कैप्सूल की जो साधारण गोली की तरह मुंह से ली जा सके, लेकिन इस दिशा में सबसे बड़ी बाधा है इन्सुलिन का पेट में मौजूद एन्जाइम्स द्वारा विघटन। इस दिशा में विभिन्न प्रकार के अनुसंधानों के बावजूद भी पूरी सफलता नहीं मिल पाई है। इसीलिए अभी इसका इंतजार लंबा हो सकता है।

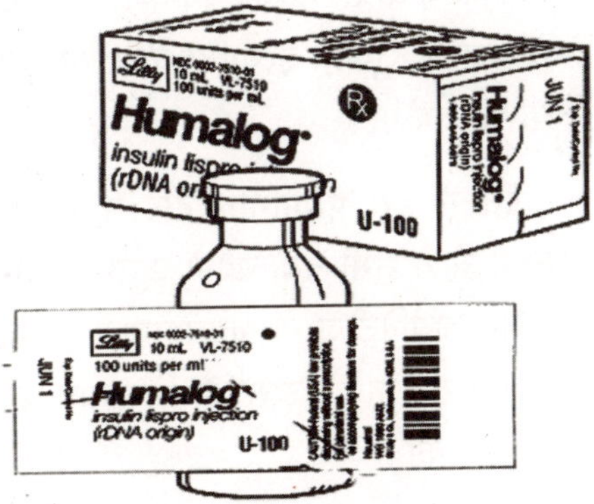

10. **इन्सुलिन डिलीवरी के 'अन्य' तरीके** – नस्वार की तरह नाक के जरिए ली जाने वाली इन्सुलिन पर भी प्रयोग चल रहे हैं, लेकिन नाक में खारिश तथा इन्सुलिन के रक्त में बहुत कम मिलने के कारण यह विधि अभी विकरित नहीं हो पाई है। चमड़ी पर लगाए जाने वाले 'ट्रांसडर्मल पैच' के जरिए भी इन्सुलिन के शरीर में प्रवेश का प्रयास किया जा रहा है, लेकिन इस दिशा में भी अधिक सफलता नहीं प्राप्त हुई है।

11. **जीन थेरेपी (Gene Therapy)** –जीन थेरेपी के द्वारा, मधुमेह को जड़ से ख़त्म करना तथा सभी टाइप-1 मधुमेह रोगियों तथा कुछ टाइप-2 मधुमेह रोगियों में इन्सुलिन के टीके का हमेशा के लिए ख़त्म हो सकने का सपना,

पूरा हो सकता है। सारी दुनिया के चिकित्साविद् इस दिशा में कार्यरत हैं। चूहों तथा अन्य जानवरों पर यह प्रयोग सफल हो रहे हैं, लेकिन मनुष्यों में अभी इस दिशा में ख़ास सफलता नहीं प्राप्त हो सकी है।

इस प्रकार हम देखते हैं कि जिस प्रकार पूरी दुनिया के वैज्ञानिक और चिकित्सक मधुमेह के इलाज के लिए विभिन्न अनुसंधान कर रहे हैं, आने वाले एक दशक में या तो मधुमेह को पूर्णतया जड़ से समाप्त किया जा सकेगा या आम रोगों (खांसी, जुकाम इत्यादि) की तरह इस महारोग का भी आसानी से इलाज किया जा सकेगा।

अंत में इस प्रायोगिक दौर में कम्प्यूटर यांत्रिकी तथा जीव-विज्ञान के समन्वय से ये सभी नयी खोजें बहुत उपयोगी दिख रही हैं, और वो दिन भी दूर नहीं जब डायबिटीज़ नामक महामारी का इलाज भी सामान्य बीमारियों की तरह किया जा सकेगा। ज़रूरत है आशावान बने रहने की तथा इस दिशा में प्रयोग करते रहने की।

32. मधुमेह रोगियों में ग़लत धारणाएँ

मधुमेह रोग पूरी ज़िंदगी चलने वाला ऐसा रोग है, जिसके बारे में मरीज़ के दिल में विभिन्न प्रकार की शंकाएँ हमेशा रहती हैं और उसके मन में विभिन्न प्रकार के प्रश्न उमड़ते रहते हैं, जिनका जवाब न मिलने पर विभिन्न प्रकार की ग़लत धारणाएँ पैदा होती हैं। नीचे मैंने कुछ ऐसी ही ग़लत धारणाओं को सुधारने का प्रयास किया है –

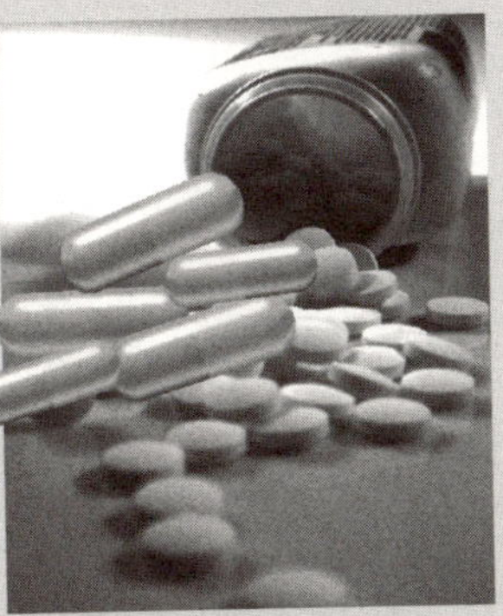

1. **सब शुगर की गोलियाँ (OHAs) एक जैसी होती हैं** – यह ग़लत है! मधुमेह की गोलियाँ विभिन्न प्रकार की होती हैं, किसी का असर ज़्यादा होता है और किसी का कम। कोई भोजन के पहले या भोजन के साथ या भोजन के बाद ली जाती है। कुछ आपके फास्टिंग शुगर को कंट्रोल करती हैं और कुछ पी.पी. शुगर को कंट्रोल करती हैं। इसलिए अपने डॉक्टर से पूछे बगैर दवाई न बदलिए। अन्यथा आपकी ब्लड शुगर बहुत कम या बहुत ज़्यादा होकर आपको मुश्किल में डाल सकती है।

2. **मेरे दोस्त या मेरी पड़ोसन की तरह मेरी शुगर भी आधी गोली से कंट्रोल हो सकती है** – यह ज़रूरी नहीं होता है। जैसे हाथ की पाँचों उंगलियाँ अलग-अलग लंबाई की होती हैं, उसी प्रकार दो मधुमेह रोगियों की गोलियों की संख्या भी अलग-अलग होती है।

3. **मैं शराब के साथ शुगर की गोली ले सकता हूँ** – ऐसा हरगिज न करिएगा। शराब के साथ शुगर की गोली लेने से 'हाइपो' हो सकता है और कई बार नशे की अधिकता में शुगर के बहुत कम होने पर मरीज़ की मृत्यु भी हो सकती है।

4. **एक बार मेरा शुगर 'कंट्रोल' होने पर मैं दवाइयाँ बंद कर सकता हूँ –** मधुमेह कोई खांसी-जुकाम या अन्य साधारण बीमारी नहीं है, जिसका कि कुछ दिनों का 'कोर्स' लेने के बाद इलाज बंद किया जा सकता है। मधुमेह एक ज़िंदगी भर चलने वाला रोग है, जिसका हमेशा के लिए ख़त्म होना, विज्ञान के इतने विकास के बाद भी संभव नहीं हो पाया है, इसीलिए मधुमेह की दवाइयाँ ज़िंदगी भर लेनी पड़ती हैं।

5. **एक बार मेरा डॉक्टर मेरी गोलियाँ या इन्सुलिन का 'डोज़' सेट कर देगा तो मुझे ज़िन्दगी भर उतनी ही और उसी तरह की गोली या इन्सुलिन लेनी है। –** यह बिल्कुल ग़लत है। उम्र के साथ-साथ जैसे मधुमेह रोग पुराना होता जाता है। मधुमेह की गोलियाँ या इन्सुलिन का डोज़ अधिकांशतः बढ़ता जाता है। इसलिए अपने मधुमेह विशेषज्ञ के नियमित संपर्क में रहिए और उसके कहने के मुताबिक दवाइयों की संख्या बढ़ाइये।

6. **गर्भवती होने पर मधुमेही स्त्री अपनी गोलियाँ (OHAs) जारी रख सकती हैं –** गर्भवती होने के कुछ दिनों पहले तथा गर्भधारण के बाद मधुमेह स्त्री को अपने डॉक्टर के कहे मुताबिक शुगर की गोलियाँ (OHAs) बंद करके इन्सुलिन के टीके शुरू करवा लेने चाहिये, अन्यथा गर्भावस्था के दौरान या प्रसव के समय विभिन्न जानलेवा कठिनाईयाँ तो आ सकती हैं, साथ-ही-साथ शिशु भी बड़े आकार का या विकृत पैदा हो सकता है।

7. **सुबह मैं गोली लेना या इन्सुलिन का इंजे़क्शन लगाना भूल गया था, इसलिए शाम को 'डबल मात्रा' में ले लेता हूँ –** ऐसा नहीं करना चाहिये, अन्यथा 'हाइपो' हो सकता है जो कि कभी-कभी प्राणघातक भी सिद्ध हो सकता है।

8. **शुगर के मरीज़ में भी अन्य रोगियों की तरह 'हार्ट-अटैक' के समय छाती में दर्द होता है –** यह ज़रूरी नहीं होता है। स्नायु ख़राब होने से संवेदनहीनता के कारण मधुमेह रोगी में हार्ट-अटैक होने पर छाती में दर्द बिल्कुल नहीं होता है, जिसे 'साइलेन्ट हार्ट-अटैक' कहते हैं, इसलिए एकदम

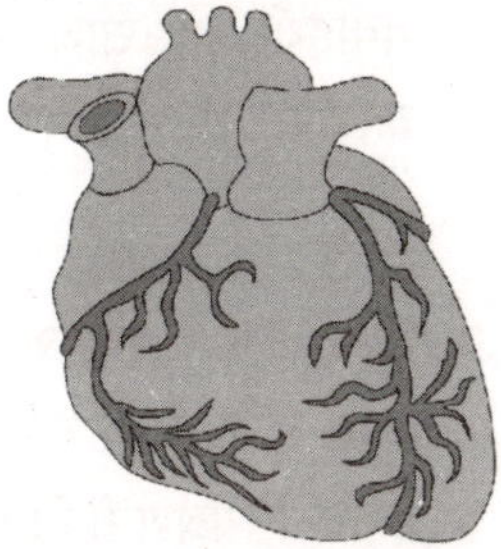

सांस में घुटन महसूस होना, पसीना आना या घबराहट होना 'हार्ट-अटैक' हो सकता है। इसे 'गैस' इत्यादि की तकलीफ़ न समझकर तुरंत अपने चिकित्सक से सलाह लेनी चाहिये और समय रहते ई.सी.जी. इत्यादि कराके इलाज करवाना चाहिये।

9. **इन्सुलिन का टीका अगर एक बार लगना शुरू हो जाए, तो यह छूटता नहीं है** – यह बिल्कुल ग़लत है। मधुमेह के टाइप-1 रोगियों को ज़िंदा रहने के लिए इन्सुलिन की ज़रूरत होती है लेकिन अधिकांशतः टाइप-2 रोगियों में शरीर में गंभीर संक्रामक (इन्फेक्शन) रोग होने पर, किसी बड़े ऑपरेशन के समय, हार्ट-अटैक होने पर या गर्भावस्था में इन्सुलिन के टीके को 'टेम्परेरी' अर्थात् थोड़े समय के लिए दिया जाता है और रोगी की तबीयत ठीक होने पर उसे वापिस गोलियों (OHAs) पर डाल दिया जाता है।

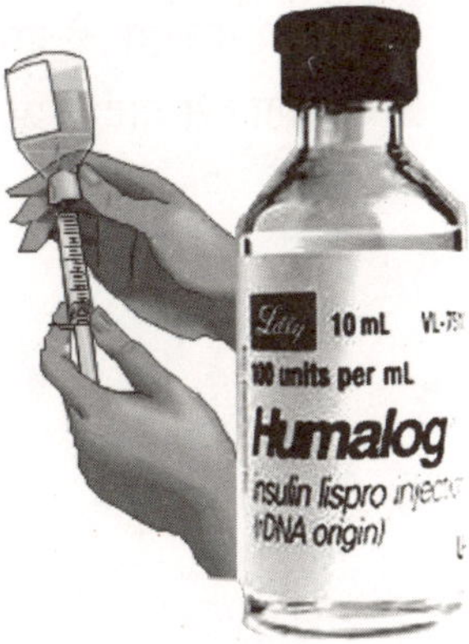

10. **शुगर की गोलियों (OHAs) तथा इन्सुलिन के टीके से शरीर खोखला हो जाता है** – यह बिल्कुल मिथ्या है, बल्कि गोलियों तथा इन्सुलिन के द्वारा मधुमेह का नियंत्रण करने से शरीर 'गलने' से बच जाता है।

11. **मधुमेह को जड़ से ख़त्म करने के लिए कोई देशी दवाई या चमत्कारिक पद्धति मौजूद है** – ऐसा नहीं है। मधुमेह पर नियंत्रण तो किया जा सकता है, लेकिन इसको हमेशा के लिए ख़त्म नहीं किया जा सकता है। दुनिया में आज की तारीख़ में ऐसी कोई चमत्कारी दवाई (देशी या विदेशी) या पद्धति नहीं है जो मधुमेह रोग को जड़ से ख़त्म कर सकती है।

12. **मुझे मधुमेह हो गया है, अब मैं कोई काम करने के लायक नहीं रह गया हूँ** – ऐसा नहीं है, नियमित व्यायाम, स्वस्थ भोजन तथा विभिन्न

दवाइयों के साथ मधुमेह को नियंत्रित करके मधुमेह रोगी कोई भी कारोबार या नौकरी कर सकता है। हाँ उसे कुछ बातों का ज़रूर ध्यान रखना पड़ता है।

13. **आज मैनें दावत खायी है, इसलिए मैं एक या दो गोलियाँ ज़्यादा ले लेता हूँ –** ऐसा नहीं करिएगा, अन्यथा आपकी शुगर कम हो सकती है और इसके नियंत्रण में दिक्कत आ सकती है।

14. **मुझे मधुमेह हो गयी है, इसका मतलब अब मैं ज़िन्दगी भर कोई भी फल या मीठा नहीं खा सकता हूँ –** ऐसा भी नहीं है। आपका मधुमेह विशेषज्ञ या 'डायटीशियन' आपको एक 'डाइट चार्ट' देंगे, जिसमें 'क्या खायें' और 'क्या न खायें' के बारे में बताया जाता है। अगर आपका शुगर कंट्रोल में है तो आप इस चार्ट के अनुसार डाइट ले सकते हैं।

33. मधुमेह रोगी - क्या खा सकते हैं?

1. दूध (बिना मलाई का) तथा दूध से बनी चीजें – पनीर, दही, लस्सी।
2. अनाज – आटा, सूजी, साबूदाना, बेसन, सोयाबीन-आटा।
3. दालें – सब प्रकार की दालें।
4. सब्जियाँ – सब हरे पत्तेदार सब्जियाँ, गाज़र, शलगम, करेला, आंवला इत्यादि।

5. फल – सेब, अमरूद, संतरा, मौसम्बी, पपीता, तरबूज, खरबूजा (कोई भी 2 फल, 100 से 200 ग्राम)।
6. नॉन-वेज – चिकन, मछली, अंडा।
7. तरल पदार्थ – सूप (वेज तथा नॉन-वेज), नींबू पानी, लस्सी।
8. तेल – रिफाइन्ड तेल उपयोग करें। सोयाबीन, सफोला, कार्नोला या सरसों का तेल इत्यादि।

9. शुगर फ्री / इक्वल इत्यादि (गर्भावस्था में न लें)।

याद रखिए

1. अलग-अलग प्रकार के खाद्य-पदार्थ चुनिए।
2. सब तरह (ग्रुप) के खाद्य-पदार्थ लीजिए ताकि आपको उचित मात्रा में विटामिन तथा मिनरल्स इत्यादि मिल सकें।
3. ताजी सब्जियाँ, फल तथा बिना मलाई का दूध व दही, अच्छी मात्रा में लें।
4. थोड़ा-थोड़ा करके बार-बार खाईये (small frequent meals)। नाश्ता / लंच या डिनर मत छोड़िये।
5. तली चिकनी चीजें, जंक फूड तथा मीठी चीजें न खायें।

34. मधुमेह रोगी - क्या न खायें?

निम्नलिखित पदार्थ जहाँ तक हो सके न खायें। अगर आपका डॉक्टर अनुमति देता है, तभी खायें –

- चीनी और मीठी चीजें, मीठी गोली, मिठाई

- शहद, गुड़, ग्लूकोज़।
- केक, पेस्ट्री, जैम, जैली, कैंडी।

- फलों का जूस, शर्बत, स्वीट वाइन्स।
- कोका कोला, पैप्सी, लिम्का, कैम्पा कोला, इत्यादि।

- हॉर्लिक्स, बोर्नविटा, कॉम्पलान, ड्रिंकिंग चाकलेट।
- फल : आम, केला, चीकू, अंगूर।
- देसी घी, वनस्पति, क्रीम, मक्खन, मलाई वाला दूध।

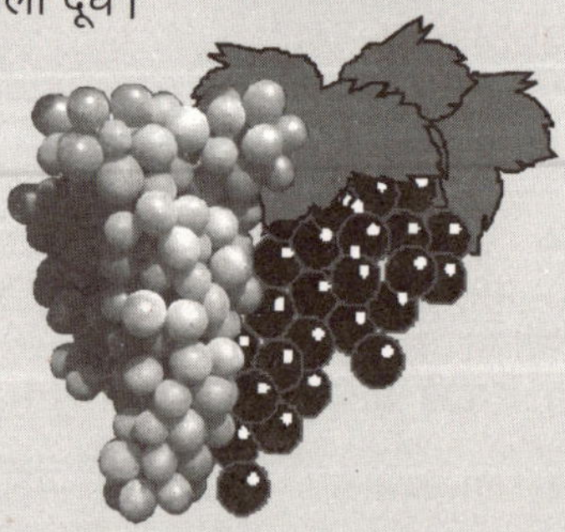

- छोले-भठूरे, पूड़ी, परांठे, कचौरी, समोसा।
- चावल का पुलाव तथा बिरयानी।
- मीठी चटनी, तेल में बने आचार, मुरब्बा।
- बकरे का मीट।

- सब्जी : आलू, अरबी, जमीकंद, चुकंदर, शकरकंदी।

परिशिष्ट 1

कुछ घरेलू माप

कुछ घरेलू माप जिनका वर्णन इस पुस्तक में किया गया है, इस प्रकार हैं –

1. एक छोटी चम्मच (टी स्पून) : 5 ग्राम (gram)
2. एक बड़ी चम्मच (टेबल स्पून) : 15 ग्राम (gram)
3. एक ग्लास : 200 एम.एल. (ml)
4. एक कप : 150 एम.एल. (ml)
5. एक कटोरी : 150 एम.एल. (ml)
6. एक जुगत : 42 एम.एल (ml)

भारत में विभिन्न प्रकार की खाना बनाने की विधियाँ तथा घरेलू माप होते हैं, इसलिए कैलोरी मूल्य में थोड़ा अंतर हो सकता है। इस पुस्तक में उल्लिखित कैलोरीज़ मूल्य सन्निकट मूल्य है।

परिशिष्टों में दिए गए कैलोरी मूल्य इत्यादि विभिन्न पुस्तकों – जैसे *हैन्डबुक ऑफ दी न्यूट्रिशन, वेल्यू ऑफ फूड्स इन कामन यूनिट्स – यू.एस. डी.ए., न्यूट्रिटिव वेल्यू आफ इंडियन फूड्स* तथा *सम कॉमन इंडियन रेसिपीस एंड देअर न्यूट्रिटिव वेल्यू, नेशनल इंस्टिट्यूट ऑफ न्यूट्रिशन, आई. सी.एम. आर.*, हैदराबाद से लिए गए हैं।

परिशिष्ट 2 (a)

आदर्श वज़न तालिका (लंबाई के अनुसार)

लड़का

उम्र	वज़न (किग्रा)	लंबाई (सेमी)
At Birth	3.3	50.5
3 months	6.0	61.1
6 months	7.8	67.8
9 months	9.2	72.3
1 year	10.2	76.1
2 years	12.3	85.6
3 years	14.6	94.9
4 years	16.7	102.9
5 years	18.7	109.9
6 years	20.7	116.1
7 years	22.9	121.7
8 years	25.3	127.0
9 years	28.1	132.2
10 years	31.4	137.5
11 years	32.2	140.0
12 years	37.0	147.0
13 years	40.9	153.0
14 years	47.0	160.0
15years	52.6	166.0
16 years	58.0	171.0
17 years	62.7	175.0
18 years	65.0	177.0

परिशिष्ट 2 (b)

आदर्श वज़न तालिका (लंबाई के अनुसार)

लड़की

उम्र	वज़न (किग्रा)	लंबाई (सेमी)
At Birth	3.2	49.9
3 months	5.4	60.2
6 months	7.2	66.6
9 months	8.6	71.7
1 year	9.5	75.0
2 years	11.8	84.5
3 years	14.1	93.9
4 years	16.0	101.6
5 years	17.7	108.4
6 years	19.5	114.6
7 years	21.8	120.6
8 years	24.8	126.4
9 years	28.5	132.2
10 years	32.5	136.5
11 years	33.7	138.0
12 years	38.7	142.0
13 years	44.0	148.0
14 years	48.0	155.0
15 years	51.5	161.0
16 years	53.0	162.0
17 years	54.0	163.0
18 years	54.4	164.0

परिशिष्ट 2 (c)
आदर्श वज़न तालिका (लंबाई के अनुसार)
महिला / पुरुष

लंबाई		वज़न	
से.मी.	फीट. इंच	पुरुष	महिला
152	5.0'	50-56	45-51
155	5.1'	52-57	47-52
157	5.2'	53-58	48-54
160	5.3'	55-60	50-55
162	5.4'	56-61	51-57
165	5.5'	58-63	53-59
167	5.6'	59-65	54-61
170	5.7'	61-66	56-63
173	5.8'	63-69	59-65
175	5.9'	64-70	60-66
178	5.10'	66-72	62-68
181	5.11'	68-74	63-70
183	6.0'	70-77	66-72
186	6.1'	72-79	68-74
188	6.2'	74-82	69-76

परिशिष्ट 3
नियमित आहार तालिका
(1200 कैलोरीज़)

सुबह (7.00 a.m.)	चाय – 1 कप (बिना चीनी)
नाश्ता (9.00 a.m.)	दूध (बिना मलाई) – 1 ग्लास (200 मिली) डबलरोटी (ब्राउन ब्रेड) – 1 पीस या दो बड़े चम्मच कॉर्न फ्लेक्स या दलिया
बीच में (11.30 a.m.)	1 फल (सेब, संतरा, मौसमी या अमरूद या पपीता) सलाद/अंकुरित दाल
दोपहर का खाना (1.30 p.m.)	रोटी (50 ग्राम) – 2 सब्जी – 1 कटोरी दही (75 ग्राम) – 1 कटोरी सलाद – जितना खा सकें रिफाइंड तेल – 1 चम्मच (5 ग्राम)
शाम की चाय (5.30 p.m.)	चाय – 1 कप (बिना चीनी) बिस्कुट – मैरी/नमकीन – 2 भुने चने/सूजी की रसक
रात्रि भोजन (9.00 p.m.)	रोटी (50 ग्राम) – 2 सब्जी – 1 कटोरी दाल/पनीर – 1 कटोरी (30 ग्राम/60 ग्राम) सलाद – जितना खा सकें रिफाइंड तेल – (10 ग्राम) – दो चम्मच
सोते समय (10.30 p.m.)	दूध (100 मिली) ¾ कप या 1 फल

नियमित आहार तालिका
(1400 कैलोरीज़)

सुबह (7.00 a.m.)	चाय – 1 कप (बिना चीनी)
नाश्ता (9.00 a.m.)	दूध (बिना मलाई) – 1 ग्लास डबलरोटी (ब्राउन ब्रेड) – 2 पीस या दो बड़े चम्मच कॉर्न फ्लेक्स या दलिया
बीच में (11.30 a.m.)	1 फल (सेब, संतरा, मौसमी या अमरूद या पपीता) सलाद/अंकुरित दाल
दोपहर का खाना (1.30 p.m.)	रोटी (50 ग्राम) – 2 सब्जी – 1 कटोरी दही (75 ग्राम) – 1 कटोरी सलाद – जितना खा सकें रिफाइंड तेल – 1 चम्मच (5 ग्राम)
शाम की चाय (5.30 p.m.)	चाय – 1 कप (बिना चीनी) बिस्कुट – मैरी/नमकीन – 2 भुने चने/सूजी की रसक
रात्रि भोजन (9.00 p.m.)	रोटी (50 ग्राम) – 2 सब्जी – 1 कटोरी दाल/पनीर – 1 कटोरी (30 ग्राम/60 ग्राम) दही (75 ग्राम) – 1 कटोरी सलाद – जितना खा सकें रिफाइंड तेल – (10 ग्राम) – दो चम्मच
सोते समय (10.30 p.m.)	दूध (150 मिली) 1 कप या 1 फल

नियमित आहार तालिका
(1800 कैलोरीज़)

सुबह (7.00 a.m.)	चाय – 1 कप (बिना चीनी)
नाश्ता (9.00 a.m.)	दूध (बिना मलाई) – 1 ग्लास (200 मिली) डबलरोटी (ब्राउन ब्रेड) – 2 पीस या मक्खन – 5 ग्राम (1 चम्मच) या दलिया/कॉर्न फ्लेक्स – 2 बड़े चम्मच उबला अंडा/पनीर – 1 अंडा/60 ग्राम
बीच में (11.30 a.m.)	1 फल (सेब, पपीता, अमरूद या संतरा) सलाद/अंकुरित दाल/सूप बड़ी कटोरी
दोपहर का खाना (1.30 p.m.)	रोटी (70 ग्राम) – 3 सब्जी – 1 कटोरी दाल (30 ग्राम) – 1 कटोरी दही (75 ग्राम) – 1 कटोरी सलाद – जितना खा सकें रिफाइंड तेल – 2 चम्मच (10 ग्राम)
शाम की चाय (5.30 p.m.)	चाय – 1 कप (बिना चीनी) बिस्कुट – मैरी/नमकीन भुने चने/सूजी की रसक या वैज सैंडविच – 2 पीस या ढोकला – 2 पीस
रात्रि भोजन (9.00 p.m.)	रोटी (70 ग्राम) – 3 सब्जी – 1 कटोरी दाल/पनीर – 1 कटोरी (30/60 ग्राम) दही (75 ग्राम)– 1 कटोरी सलाद रिफाइंड तेल – 2 चंम्मच (10 ग्राम)
सोते समय (10.30 p.m.)	दूध (150 मिली) 1 कप या 1 फल

नियमित आहार (2000 कैलोरीज़)

सुबह (7.00 a.m.)	चाय – 1 कप (बिना चीनी) 2 बिस्कुट (मैरी)
नाश्ता (9.00 a.m.)	दूध (बिना मलाई) – 1 ग्लास (200 मिली) डबलरोटी (ब्राउन ब्रेड) – 2 पीस या मक्खन – 5 ग्राम (1 चम्मच) या दलिया/कॉर्न फ्लेक्स – 2 बड़े चम्मच उबला अंडा/पनीर – 1 अंडा/60 ग्राम
बीच में (11.30 a.m.)	1 फल (सेब, पपीता, अमरूद या संतरा) सलाद/अंकुरित दाल/सूप-बड़ी कटोरी
दोपहर का खाना (1.30 p.m.)	रोटी – 80 ग्राम – 4 सब्जी (150 ग्राम) – 1 कटोरी दाल (30 ग्राम) – 1 कटोरी दही (75 ग्राम) – 1 कटोरी सलाद – जितना खा सकें रिफाइंड तेल – 2 चम्मच (10 ग्राम)
शाम की चाय (5.30 p.m.)	चाय – 1 कप (बिना चीनी) बिस्कुट – मैरी/नमकीन – 3 भुने चने/सूजी की रसक या वैज सैंडविच – 2 पीस या ढोकला – 2 पीस
रात्रि भोजन (9.00 p.m.)	रोटी (80 ग्राम) – 4 सब्जी – 1 कटोरी दाल/पनीर – (40 ग्राम/80 ग्राम) 1 कटोरी दही (75 ग्राम) – 1 कटोरी सलाद – जितना खा सकें । रिफाइंड तेल – 2 चम्मच (10 ग्राम)
सोते समय (10.30 p.m.)	दूध (150 मिली) 1 कप या 1 फल

नॉन-वेज़ीटेरियन लोगों के लिए

30 ग्राम दाल या 60 ग्राम पनीर की जगह 150 ग्राम चिकन या 150 ग्राम मटन लिया जा सकता है।

40 ग्राम दाल या 80 ग्राम पनीर की जगह 175 ग्राम चिकन या 200 ग्राम मटन या 120 ग्राम मछली ली जा सकती है।

परिशिष्ट 4
खाद्य-पदार्थों का विनिमय

दालों का विनिमय

खाद्य-पदार्थ	अनुमानित नाप	ग्राम	कैलोरी
मूंग दाल	एक कटोरी	26	90
मसूर दाल	एक कटोरी	26	90
तुअर	एक कटोरी	26	90
राज़मा	3/4 कटोरी	26	90
उड़द दाल	एक कटोरी	24	90
लोबिया	एक कटोरी	28	90
चना दाल	एक कटोरी	25	90
मूंग	एक कटोरी	27	90
चना	3/4 कटोरी	25	90
सोयाबीन	3/4 कटोरी	21	90

अनाज का विनिमय

लंच/डिनर			
गेहूं का आटा	एक कटोरी	26	90
चपाती	एक कटोरी	37	90
चावल (कच्चा)	एक कटोरी	26	90
चावल (पका हुआ)	3/4 कटोरी	81	90
पुलाव	आधी कटोरी	75	90
खिचड़ी	आधी कटोरी	42	90
दलिया (बना हुआ, नमकीन)	आधी कटोरी	76	90
पूड़ी	एक	28	90
मक्का	–	26	90
ज्वार	–	26	90

बाज़रा	—	25	90
जौ	—	24	90
पराठा	आधा	30	90
नान (बटर नान)	—	27	90

स्नेक्स			
डबल रोटी (सफेद, ब्राउन ब्रेड)	दो	37	90
सूजी	—	26	90
सेंवईंया	—	26	90
कॉर्नफ्लेक्स	—	25	90
पोहे	आधी कटोरी	42	90
बिस्कुट (मैरी)	चार	20	90
बिस्कुट (नमकीन)	चार	17	90
मठरी	दो	18	90
हैम्बर्गर बन	एक	34	90
साउथ इंडियन फूड डोसा	एक	30	90
रवा डोसा	एक	44	90
इडली	एक	67	90
उत्तपम	आधा	27	90
उपमा	एक तिहाई	39	90

दूध तथा दूध से बनी वस्तुओं का कैलोरी विनिमय

दूध (गाय का)	एक कप	134	90
मलाई उतारा दूध	दो कप	310	90
दूध (भैंस का)	आधा कप	77	90
सादा दूध	दो कप	281	90
दूध पाउडर (संपूर्ण)	———	18	90

दूध पाउडर (मलाई उतारा हुआ)	———————	26	90
दही	आधी कटोरी	150	90
मट्ठा	तीन ग्लास	600	90
पनीर (चीज़)	1 क्युब	26	90
चीज़ स्प्रेड (सादा)	एक बड़ा चम्मच	33	90
छेना (गाय के दूध का)	—	34	90

विभिन्न फलों का कैलोरी विनिमय

खाद्य-पदार्थ	अनुमानित नाप	ग्राम	कैलोरीज़
आम	डेढ़ स्लाइज़	67	50
केला	आधा	43	50
चीकू	डेढ स्लाइज़	67	50
अंगूर	बारह दानें	70	50
संतरा	एक	104	50
मौसम्बी	एक (बड़ी)	116	50
मालटा	पाँच टुकड़े	136	50
अनानास	2 स्लाइज़	108	50
अनार	एक	77	50
आलूबुखारा	दो	96	50
आडु	एक	100	50
नाशपाती	एक	96	50
अमरूद	एक	98	50
सेब	एक	84	50
अंजीर	एक	135	50
लीची	15	82	50

पपीता	एक (छोटा)	156	50
फालसा	–	96	50
चेरी	–	78	50
सीताफल	आधा	48	50
स्ट्राबेरी	–	113	50
खरबूजा	आधा टुकडा	294	50
तरबूज	1/4 तरबूज (छोटा)	313	50

सब्जी कैलोरी विनिमय

	ग्राम	कैलोरी
आलू	52	50
अरवी	45	50
चुकंदर	142	50
शलजम	172	50
सलाद	238	50
टिंडा	238	50
कद्दू	200	50
लौकी	417	50
ककड़ी	384	50
मूली	295	50
गाजर	116	50
टमाटर	258	50
फूल गोभी	238	50
बंद गोभी	192	50
भिंडी	197	50
प्याज	100	50
मटर	54	50

करेला	192	50
पालक	192	50
सरसों	147	50
चौलाई	111	50
मेथी	102	50
पुदीना	104	50

चिकनाई विनिमय

खाद्य-पदार्थ	अनुमानित नाप	ग्राम	कैलोरी
घी	दो छोटे चम्मच	10	90
वनस्पति घी	दो छोटे चम्मच	10	90
मक्खन	ढाई छोटे चम्मच	12	90
सुर्यमुखी तेल	दो छोटे चम्मच	10	90
मूंगफली का तेल	दो छोटे चम्मच	10	90
सनफ्लावर तेल	दो छोटे चम्मच	10	90
नारियल का तेल	दो छोटे चम्मच	10	90
सरसों का तेल	दो छोटे चम्मच	10	90
मारजरेन	ढाई छोटे चम्मच	13	90
बादाम (छिलकेदार)		14	90
अखरोट		13	90
मूंगफली	10 दाने	16	90

माँस विनिमय

खाद्य.पदार्थ	अनुमानित माप	ग्राम	कैलोरीज़
अंडा	एक	50	90
चिकन	एक छाती का भाग	80	90
बकरे का गोश्त,			

मटन (चर्बी रहित)	दो टुकड़े	45	90
सूअर का गोश्त	एक स्लाइस	80	90
गोमांस (चर्बी रहित)	एक टुकडा	80	90
मछली – रोहू	एक हिस्सा	90	90
मछली – सार्डीन	एक हिस्सा	90	90
मछली – झींगा	तीन हिस्से	100	90
मछली – पोमफ्रेट	दो टुकड़े	100	90

परिशिष्ट 5
पके हुए खाद्य-पदार्थों में कैलोरी की मात्रा

खाद्य-पदार्थ	अनुमानित नाप	वज़न (ग्राम)	कैलोरीज़
समोसा	एक	65	207
कचोरी	दो	90	383
पूड़ी	तीन	75	240
पकौड़ा	आठ	58	280
आलू बड़ा	दो	83	199
मठरी		100	521
सादा डोसा	दो	84	254
इडली	तीन	170	229
उत्तपम		100	330
उपमा	एक कटोरी	200	325
ढोकला		100	122
पोहा	एक कटोरी	187	372
आलू चिप्स	10 नं.	20	110
चीज़ पिज्जा	1 सर्विंग	60	153
चीज़ बर्गर	1 सर्विंग	100	290
चाट	5 नं.	192	218

परिशिष्ट 6
इन्सुलिन सिरिंज़ भरने की विधि

इन्सुलिन सिरिंज़ को वायल (VIAL) से भरना

1. अपने हाथों को साबुन से धोइए।

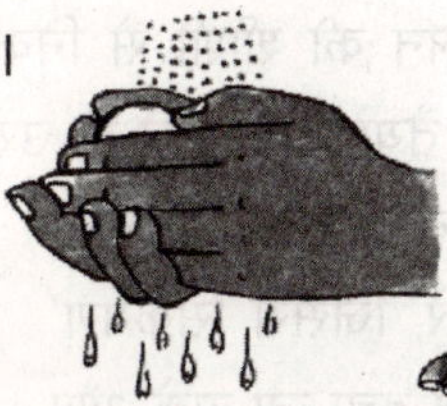

2. यदि आप मध्यम गति या लम्बे समय तक काम करने वाली या मिश्रित इन्सुलिन का उपयोग कर रहे हैं तो इन्सुलिन की शीशी को दोनों हथेलियों के बीच में धीरे-धीरे हिलायें। कभी भी शीशी को तेज-तेज न हिलायें, इससे इन्सुलिन टूट सकती है। नोट – जो इन्सुलिन पानी जैसी (transparent) होती है, उसे हिलाने की ज़रूरत नहीं होती है।

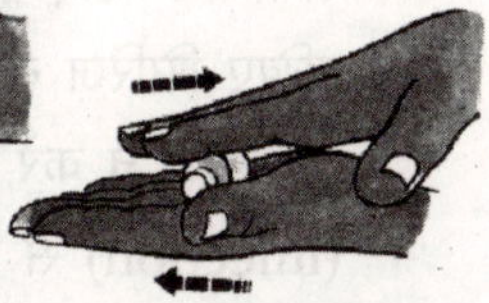

3. इन्सुलिन की शीशी में लगे रबड़ डॉट को स्प्रिट (alcohol) से भीगे फाहे से साफ करें।

क. एक ही प्रकार की इन्सुलिन लगाने हेतु (जैसे प्लेन इन्सुलिन, एक्ट्रापिड, मिक्स टार्ड, ह्यूम इन्सुलिन-आर इत्यादि)।

1. इन्सुलिन सिरिंज़ के प्लंजर को बाहर खींचते हुए लगाने वाली मात्रा के बराबर हवा को सिरिंज़ में खींचें।

2. शीशी को टेबल पर रखें और सूई को शीशी के रबड़ डॉट में धकेलें और सिरिंज़ की हवा को शीशी में धकेल दें।

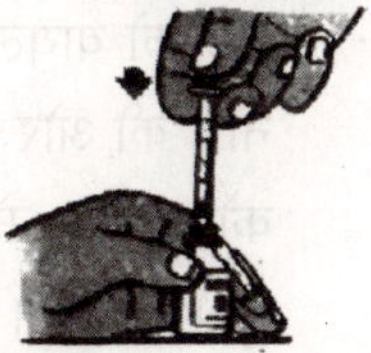

3. शीशी और सिरिंज़ को उल्टा कर दें और प्लंजर को बाहर की तरफ तब तक खींचिए जब तक प्लंज़र का ऊपरी छोर आपकी सही मात्रा (ज़रूरत के मुताबिक इन्सुलिन) तक नहीं पहुंचता है।

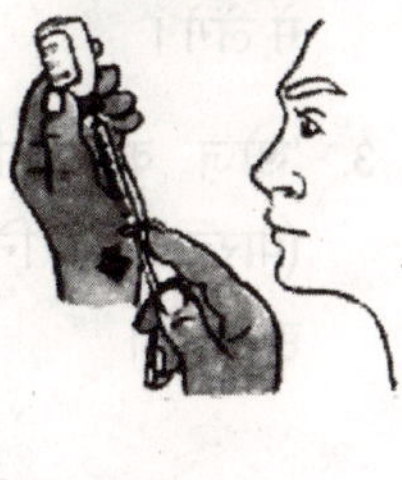

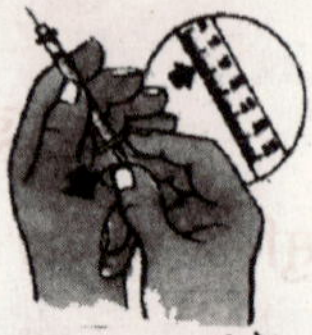

4. यदि सिरिंज़ में हवा के बुलबुले हैं, तो उन्हें दूर करें, अपनी अंगुली से जहाँ बुलबुले हो सिरिंज़ पर धीरे से मारें अथवा थपथपायें।

5. सूई को इन्सुलिन की शीशी से निकालें और जब तक आप इंजे़क्शन लगाने के लिए तैयार नहीं होते हैं, उसे समतल स्थान पर रख दें। ध्यान रखिए सिरिंज़ की सूई किसी चीज को स्पर्श न करे, जिससे 'संक्रमण' (infection) से बचा जा सके और सूई को नुकसान न पहुँचे।

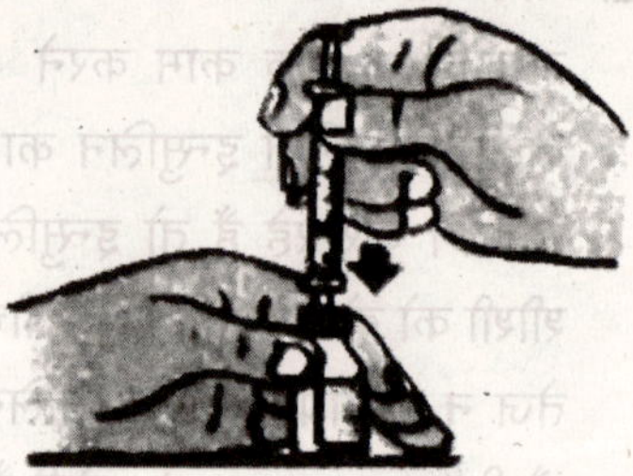

6 अब आप इंजे़क्शन लगाने के लिए तैयार हैं।

ख. मिश्रित इन्सुलिन इंजे़क्शन लगाने हेतु – जैसे प्लेन इन्सुलिन (एक्ट्रापिड और ह्यूम इन्सुलिन-आर) और एन.पी.एच. इन्सुलिन (लेंटार्ड इत्यादि) को एक ही सिरिंज़ में भरना।

1. 'डोज़' के मुताबिक एन.पी.एच. या लेटार्ड (दूधिया) इन्सुलिन के निशान तक सिरिंज़ में हवा भरें।

2. दूधिया इन्सुलिन के रबड़ कॉर्क से सूई को वायल में डालें। प्लंजर को नीचे की ओर दबाएं। खाली सिरिंज़ को वायल से बाहर निकाल लें। दूधिया वायल से इन्सुलिन आप बाद में लेंगे।

3. 'डोज़' के मुताबिक प्लेन इन्सुलिन (पारदर्शी) के निशान तक सिरिंज़ में हवा भरें।

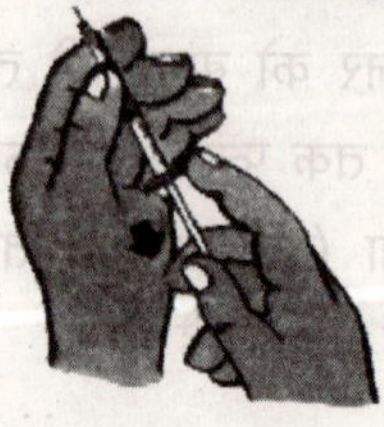

4. पारदर्शी इन्सुलिन के रबड़ कॉर्क से सूई को वायल में डालें। प्लंज़र को नीचे की ओर दबाएं।

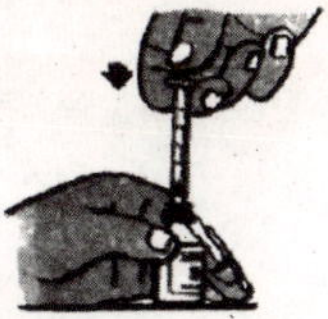

5. शीशी और सिरिंज़ को उल्टा कर दें और प्लंज़र को बाहर की तरफ तब तक खींचिए जब तक प्लंज़र का ऊपरी छोर आपकी सही मात्रा (ज़रूरत के मुताबिक इन्सुलिन) तक नहीं पहुंचता है।

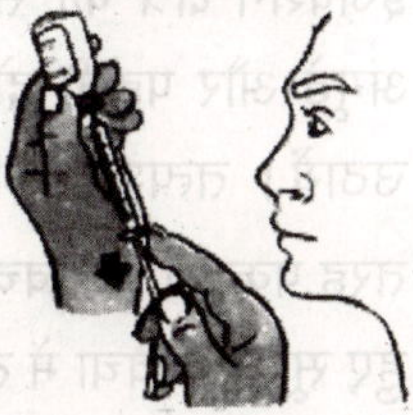

6. यदि सिरिंज़ में हवा के बुलबुले हैं तो उन्हें दूर करें, अपनी अंगुली से जहां बुलबुले हों सिरिंज़ पर धीरे से मारें अथवा थपथपायें।

7. सूई को पारदर्शी वायल से बाहर निकाल लें।

8. पारदर्शी इन्सुलिन से भरी इस सिरिंज़ को दूधिया वायल में लगायें और इसी सिरिंज़ में दूधिया इन्सुलिन के 'डोज़' के मुताबिक प्लंज़र को खींचें।

9. दूधिया इन्सुलिन के वायल से सिरिंज़ को निकालें। अब आप इंजेक्शन लगाने के लिए तैयार हैं।

परिशिष्ट 7
इन्सुलिन लगाने की विधि

1. इंजे़क्शन क्षेत्र को साफ करें और त्वचा को अंगूठे और पहली दो अंगुलियों से पकड़कर उठायें। तत्पश्चात् सिरिंज़ को पेंसिल की तरह पकड़ते हुए त्वचा से 45° का कोण बनाते हुए सूई को त्वचा में लगा दें।

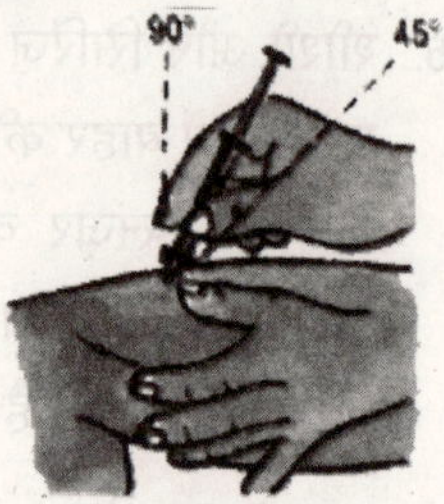

2. पकड़ी हुई त्वचा के नीचे इन्सुलिन को डालने हेतु प्लंज़र को धीरे-धीरे 4-5 क्षणों में दबाएं।

3. इसके बाद सूई को त्वचा से बाहर निकाल लें। अगर हल्का सा खून आता है तो कुछ क्षणों के लिए उस जगह को हाथ से धीरे से दबाएं। इंजे़क्शन क्षेत्र को रगड़िये नहीं। (इससे इन्सुलिन ज़ल्दी फैल सकती है)

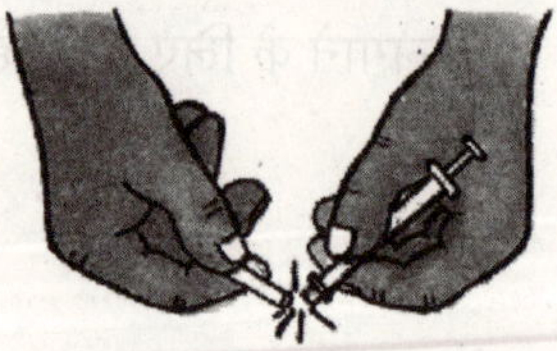

4. सूई कैप को सूई पर दोबारा लगाकर जहाँ यह कैप सिरिंज़ के साथ जुड़ती है, वहाँ से मोड़कर सूई को नष्ट कर दें।

5. अगर आपको इन्सुलिन की सही मात्रा भरने में या दो प्रकार की इन्सुलिन को मिश्रित करने में कठिनाई आती है, तो अपने चिकित्सक से सलाह लें।

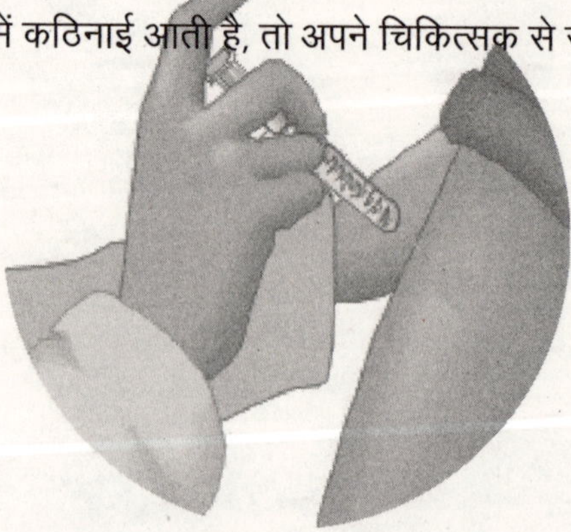

परिशिष्ट 8
इन्सुलिन कहाँ-कहाँ लगा सकते हैं?

इन्सुलिन के इंजेक्शन को शरीर के विभिन्न स्थानों पर लगाया जाता है। मुख्यतः शरीर में 7 जगहों पर, जैसाकि चित्र में दिखाया गया है, इन्सुलिन का इंजेक्शन लगाया जा सकता है –

1. दोनों बाहों पर (बाहर की तरफ)
2. नाभि में चारों तरफ पेट पर (नाभि से एक इंच छोड़कर)
3. दोनों जंघाओं पर (बाहर की तरफ)
4. दोनों कूल्हों पर।

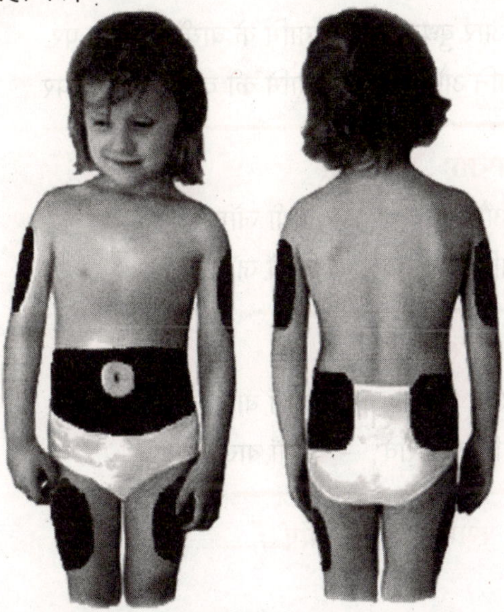

याद रखिए एक ही छोटे क्षेत्र में बार-बार इंजेक्शन नहीं लगायें। प्रत्येक नए इंजेक्शन के लिए एक दूसरी जगह का चयन करिए। पिछले और अब के इंजेक्शन के बीच कम-से-कम तीन उंगलियों की दूरी रखें, ताकि इन्सुलिन का अवशोषण सही ढंग से हो सके। एक ही छोटे क्षेत्र में बार-बार इंजेक्शन लगाने से त्वचा के नीचे के ऊत्तक (tissue) की क्षति हो सकती है (skin atrophy or hypertrophy) और उस जगह पर त्वचा लाल हो सकती है, उसमें सूजन आ सकती है और इंजेक्शन लगाने के बाद दर्द भी रह सकता है।

परिशिष्ट 9
इन्सुलिन लगाने का क्रम

इन्सुलिन लगाने के स्थान को निरंतर बदलते रहिये। आप इस क्रम का चयन कर सकते हैं –

- सोम, मंगल और बुधवार – बायाँ बाजू
  (सप्ताह के पहले तीन दिन)
- गुरु, शुक्र, शनि और रवि – दायाँ बाजू
  (सप्ताह के आखिरी चार दिन)

अगले सप्ताह

- सोम, मंगल और बुधवार – नाभि के बायीं ओर पेट पर
- गुरु, शुक्र, शनि और रवि – नाभि की दायीं ओर पेट पर

उससे अगले सप्ताह

- सोम, मंगल और बुधवार – बायीं जाँघ
- गुरु, शुक्र, शनि और रवि – दायीं जाँघ

फिर उसके अगले सप्ताह

- सोम, मंगल और बुधवार – दायाँ बाजू (क्रम बदल दें)
- गुरु, शुक्र, शनि और रवि – बायाँ बाजू

इसी तरह आगे स्थान बदलते जाएं..................